Elogios para Gabrielle Hartley

O segredo para bons relacionamentos

"Um livro muito profundo, prático e otimista! Há muitas dicas e ferramentas para você aprender a usar em qualquer relacionamento ou amizade. Ao começar com a autoconsciência, a autora evidencia ainda mais o papel que temos nos conflitos de nossos relacionamentos. Somos, muitas vezes, parte do problema, e mudar a nossa abordagem é muito mais fácil do que tentar mudar a outra pessoa (o que nunca dá certo). Se você gosta de passos e listas para desenvolvimento pessoal, descobrirá que o método de três passos de Hartley é fácil e recompensador quando aplicado."

— Bill Eddy, autor de *It's All Your Fault: 12 Tips for Managing People Who Blame Others for Everything* [Sem publicação no Brasil] e Diretor de Inovação do High Conflict Institute

"*O segredo para bons relacionamentos* (*e por que é mais fácil do que você imagina*) é um livro inteligente e envolvente que deveria ser uma leitura obrigatória para qualquer pessoa em qualquer tipo de relacionamento. Todos os relacionamentos possuem conflitos, mas brigas e disputas não precisam acabar com amizades. Hartley compartilha dicas práticas sobre como lidar e resolver conflitos de uma maneira saudável para que os laços sejam reforçados em vez de cortados."

— Emily Esfahani Smith, autora de *The Power of Meaning* [Sem publicação no Brasil]

"Há muitas preciosidades neste livro, mas o que se destaca mais é o foco de Gabrielle na necessidade da autoconsciência — por tornar-se mais capaz de reconhecer o impacto das suas ações em outras pessoas. É óbvio que a falta de consciência é um grande motivo para o conflito e, ao nos olharmos no espelho, não só *melhoramos* nossa capacidade de lidar com o problema, como nos colocamos no caminho para o nosso próprio crescimento e desenvolvimento."

— Dra. Donna Hicks, autora de *Dignity: Its Essential Role in Resolving Conflict* [Sem publicação no Brasil]

"O novo livro de Gabrielle Hartley é um guia inteligente, educativo e envolvente para qualquer pessoa que esteja pronta para começar a enfrentar os conflitos em seus relacionamentos com uma abordagem holística. É fácil e habitual pessoas apontarem dedos e culparem alguém sem parar para considerar uma abordagem mais sutil de 360º, que leva o ponto de vista do outro indivíduo em consideração. O estilo de escrita coloquial de Gabrielle torna a leitura deste livro parecida com uma conversa com uma amiga de longa data; ela me deu ideias sobre como posso reduzir conflitos para levar mais harmonia e importância para os meus relacionamentos. Esteja você tentando melhorar seu casamento ou resolver problemas de uma forma mais pacífica com um ex, com amigos ou família, este livro possui conselhos inestimáveis."

— Laura Friedman Williams, autora de *Available: A Very Honest Account of Life After Divorce* [Sem publicação no Brasil]

"*O segredo para bons relacionamentos* é um guia inteligente, compreensível e acessível para superar conflitos e desfrutar de relacionamentos saudáveis não apenas com outras pessoas, mas com nós mesmos. Hartley nos apresenta ferramentas e percepções específicas e testadas pelo tempo, retiradas de sua profunda experiência como mediadora profissional, que nos permitem fazer boas escolhas a serviço de nossa própria sanidade mental e de manter as pessoas que importam na nossa vida, mesmo quando discordamos. Eu não posso recomendar este livro o bastante, especialmente em uma época com tantos conflitos, quando nossos impulsos são discutir ou nos afastar daqueles que não compartilham nossas crenças. Repleto de histórias, exercícios e detalhes úteis, é uma ótima leitura!"

— Jill Sherer Murray, jornalista premiada e autora de *Big Wild Love: The Unstoppable Power of Letting Go* [Sem publicação no Brasil]

"Queria que todos lessem este livro antes de entrar no meu consultório. Muitas vezes vejo pessoas desistindo de relacionamentos por conta de um conflito que não conseguiram resolver. *O segredo para bons relacionamentos (e por que é mais fácil do que você imagina)* apresenta um passo a passo para resolver conflitos e superá-los para que você possa se conectar ainda mais. O objetivo não é vencer, mas ser visto e ouvido. Gabrielle conseguiu escrever novamente um livro fundamental."

— Dra. Elizabeth Cohen, psicóloga clínica e autora de *Light at the Other Side of Divorce* [Sem publicação no Brasil]

"Evitar conflitos e ter melhores relacionamentos é muito mais fácil do que você imagina. Neste livro, Gabrielle Hartley mostra como."

— Lisa Zeiderman, advogada e
sócio-gerente da Miller Zeiderman LLP

"Os conflitos são inevitáveis, mas o método de Gabrielle apresenta dicas reais e práticas para evitá-los a fim de manter sua equipe trabalhando unida e com um bom relacionamento de verdade."

— David Duncan, Presidente e CEO da First Hospitality

"Ler este livro vai mudar tudo o que você pensou que sabia sobre resolução de conflitos e como realmente ter relacionamentos melhores."

— Natasha Sizlo, autora de *Todos os astros levam a Paris*

"A abordagem de Gabrielle Hartley para a resolução de conflitos é simples, efetiva e potencialmente transformadora. Uma leitura obrigatória neste mundo que parece cada vez mais em desacordo!"

— Susan Guthrie, advogada e co-fundadora e
CEO da Mosten Guthrie Academy

Elogios a Better Apart

"Ferramentas fortes e acessíveis para a sua família e para o seu futuro."

— Gwyneth Paltrow

"Pense neste livro como um guia para a 'separação consciente'."

— *People*

"Em seu novo livro, *Better Apart*, Gabrielle Hartley e Elena Brower aconselham aqueles que estão passando por uma separação a empregar a sabedoria de Marie Kondo... [dizendo que] a técnica de Kondo pode ajudar qualquer pessoa passando por um término, seja um divórcio problemático ou uma separação devastadora."

— *New York Post*

"Abordando o prático, o emocional e o espiritual, *Better Apart* é um grande transformador de paradigmas. Como filha de pais divorciados, as lições presentes neste livro ressoaram profundamente em mim, e tenho esperança pelo futuro das famílias separadas que terão acesso a essa sabedoria."

— Kate Northrup, autora best-seller de *Money: A Love Story*
[Sem publicação no Brasil]

"Ao incentivar pais a esquecerem a perfeição e a estabelecer regras claras e cronogramas viáveis, este livro demonstra que algumas famílias podem realmente ser melhores separadas."

— Dra. Sharon Saline, psicóloga clínica e autora de
What Your ADHD Child Wishes You Knew
[Sem publicação no Brasil]

"Gabrielle e Elena apresentam uma abordagem acolhedora e reflexiva para o divórcio que inclui tanto sabedoria legal quanto princípios psicológicos saudáveis. A discussão que elas levantam sobre custódia e coparentalidade o guia até o caminho em direção a um futuro mais calmo e mais feliz para você e seus filhos."

— Dra. Robyn Landow, psicóloga e coordenadora parental

"Gabrielle inspira e educa com uma abordagem prática e acessível, capacitando os leitores para pensarem além da culpa, da vergonha e da raiva, e, em vez disso, focarem no crescimento pessoal, na integridade financeira e na reorganização pacífica da unidade familiar. Este livro é uma leitura obrigatória para aqueles que buscam um plano que leve a uma vida melhor, mais feliz e mais saudável após o divórcio."

— Marcelle Kott, advogada e sócia, Berger Schatz, Chicago, Illinois

"*Better Apart* é a minha principal recomendação para quem está lutando com a 'questão do divórcio', mas sente a vergonha e o medo disso. Gabrielle estabelece uma abordagem possível não apenas para sobreviver ao divórcio, mas para prosperar de maneira emocional, financeira e espiritual na vida após a separação. Seu livro reflexivo, porém prático, apresenta um plano para usar a crise como uma oportunidade única para uma vida consciente e um crescimento pessoal. Um divórcio amigável é realmente possível, e Gabrielle apresenta os passos para consegui-lo sem sacrificar o seu bem-estar."

— Erin Levin, advogada CFLS, CEO do Hello Divorce e do Levine Family Law Group

Outros livros de Gabrielle Hartley

Better Apart: The Radically Positive Way to Separate

O segredo para BONS RELACIONAMENTOS

(E por que é mais FÁCIL do que você imagina)

3 PASSOS TRANSFORMADORES PARA RESOLVER CONFLITOS

GABRIELLE HARTLEY

ALTA BOOKS
GRUPO EDITORIAL
Rio de Janeiro, 2024

O Segredo Para Bons Relacionamentos

Alta Life é um selo da editora Alta Books do Grupo Editorial Alta Books (Starlin Alta Editora e Consultoria LTDA.)

ISBN: 978-85-508-2261-7

Translated from original The Secret to Getting Along Copyright © 2023 by Gabrielle Hartley. ISBN 9781728258911. This translation is published and sold by Sourcebooks, an imprint of Sourcebooks, the owner of all rights to publish and sell the same. PORTUGUESE language edition published by Starlin Alta Editora e Consultoria Ltda, Copyright © 2024 by STARLIN ALTA EDITORA E CONSULTORIA LTDA.

Impresso no Brasil — 1ª Edição, 2024 — Edição revisada conforme o Acordo Ortográfico da Língua Portuguesa de 2009.

Dados Internacionais de Catalogação na Publicação (CIP) de acordo com ISBD

H332s Hartley, Gabrielle

O segredo para bons relacionamentos: 3 passos transformadores para resolver conflitos / Gabrielle Hartley. - Rio de Janeiro : Alta Books, 2024.
240 p. ; 15,7cm x 23cm.

Inclui índice.
ISBN: 978-85-508-2261-7

1. Autoajuda. 2. Relacionamentos. 3. Conflitos. I. Título.

2024-182 CDD 158.1
CDU 159.947

Elaborado por Vagner Rodolfo da Silva - CRB-8/9410

Índice para catálogo sistemático:
1. Autoajuda 158.1
2. Autoajuda 159.947

Produção Editorial: Grupo Editorial Alta Books
Diretor Editorial: Anderson Vieira
Vendas Governamentais: Cristiane Mutüs
Editor da Obra: Ibraima Tavares
Gerência Comercial: Claudio Lima
Gerência Marketing: Andréa Guatiello

Produtor Editorial: Thales Silva
Tradução: Mariana Santos
Copidesque: Mariane Abreu
Revisão: Vanessa Fontoura; Raquel Escobar
Diagramação: Natalia Curupana

ALTA BOOKS
GRUPO EDITORIAL

Rua Viúva Cláudio, 291 — Bairro Industrial do Jacaré
CEP: 20.970-031 — Rio de Janeiro (RJ)
Tels.: (21) 3278-8069 / 3278-8419
www.altabooks.com.br — altabooks@altabooks.com.br
Ouvidoria: ouvidoria@altabooks.com.br

Editora **afiliada à:**

Este livro é dedicado a você, leitor, na esperança de ajudá-lo a melhorar seus relacionamentos com as pessoas importantes na sua vida.

Sumário

Introdução

Hillary e Simone eram amigas desde o ensino médio. Depois da formatura, estudaram cosmetologia na mesma faculdade. Enquanto atendiam lado a lado em um salão local, desenvolveram um plano de negócios e compraram um salão de beleza em Chicago. Uma década depois, o salão ostentava uma equipe de cabeleireiros de primeira e normalmente ficava lotado com semanas de antecedência. Os funcionários estavam felizes, o dinheiro estava entrando e elas tinham uma base fiel de clientes. Para todos os efeitos, essas melhores amigas haviam criado um negócio extraordinário juntas.

Hillary não poderia estar mais feliz. Estava fazendo o que sempre sonhou: ganhando um salário confortável e trabalhando ao lado da melhor amiga. Simone também estava satisfeita... pelo menos durante os primeiros anos. Embora tivesse adorado transformar o negócio em uma empresa bem-sucedida, ela passou a sentir uma insatisfação toda vez que entrava no salão. Simone queria mais. O que uma vez havia sido divertido, de repente parecia monótono. Simone passou a nutrir o desejo de ganhar mais dinheiro e administrar o salão em uma escala muito maior.

Entre uma bebida e outra, Simone trouxe o assunto da expansão da empresa à tona para Hillary, a começar com uma nova localização para o salão. Hillary respondeu imediatamente que seria "incrível" mudar o negócio de lugar. Simone foi embora sentindo que as duas estavam animadas com a ideia. No entanto, sem o conhecimento de

Simone, Hillary estava expressando animação sem atribuir qualquer intenção verdadeira de mudar a localização do salão. Embora estivesse orgulhosa da empresa e a amasse tanto quanto Simone, Hillary não sentia o mesmo desejo de expandir os negócios. Quando Simone sugeriu a ideia, Hillary não quis rejeitar e desapontar a amiga. Ela achou que Simone esqueceria e as duas continuariam com o empreendimento de sucesso.

Para Simone, no entanto, "incrível" era tudo o que precisava ouvir. Ela levou a ideia adiante, planejando imediatamente encontrar a localização perfeita. Dentro de um mês, encontrou o lugar ideal, porém, para sua surpresa e desânimo, Hillary evitou assinar o contrato de aluguel até o espaço não estar mais disponível. Dois meses depois, a mesma coisa aconteceu com um local diferente — dessa vez, Simone não perdeu apenas mais um contrato, também estava prestes a perder um mediador que a estava ajudando a procurar por novos locais. Simone, com raiva, culpou Hillary pela demora para assinar o contrato de novo, depois reagiu com indignação quando Hillary demonstrou confusão com o problema.

Hillary não entendeu por que Simone estava tão frustrada. Para ela, Simone havia agido impulsivamente antes que tivessem qualquer conversa séria sobre fazer uma mudança tão grande. Porém, do ponto de vista de Simone, elas haviam tomado a decisão conjunta de seguir em frente. Simone ficou tão irritada que mal conseguia falar com Hillary.

Desde então, as décadas de parceria e amizade de Hillary e Simone se desfizeram rapidamente. Hillary comprou a participação de Simone no negócio e esta seguiu sozinha. Mesmo tendo mantido os funcionários e a lista de clientes, Hillary não tinha a inteligência comercial de Simone e geriu mal o salão até não ter outra opção além de fechar. Simone também passou pela mesma situação difícil porque, sem a percepção de Hillary, não estava preparada para contratar cabeleireiros talentosos para atrair mais clientela.

Mas talvez, e principalmente, Hillary e Simone perderam o que, de outra forma, seria uma amizade para a vida toda. O que poderia ter sido uma conversa cuidadosa sobre a direção de um negócio bem-sucedido, construído por duas mulheres inteligentes e talentosas que realmente gostavam uma da outra, se tornou uma discussão que acabou descarrilhando o relacionamento pessoal e profissional entre elas. As duas não conseguiram se comunicar de maneira significativa. Elas fizeram suposições, ficaram na defensiva, culparam uma a outra, e, por fim, cortaram os laços.

O que aconteceu com Hillary e Simone sempre foi uma parte natural da nossa falha de comunicação básica humana — e agora tornou-se comum demais. O que começa como um desacordo se transforma em discussões sem sentido que acabam com parcerias de negócios, amizades e casamentos. E, dentro da nossa bolha cada vez mais isolada, é menos provável do que nunca que nos esforcemos para consertar essas rupturas. Poucos precisam ser lembrados de que estamos vivenciando níveis incomparáveis de tensão pessoal, desacordo e aversão ao envolvimento significativo em meio ao conflito. Reuniões de família marcadas há muito tempo foram canceladas por conta da vacinação contra a Covid-19 ou por debates sobre o uso de máscaras. Desacordos políticos acabaram com amizades de décadas. Nós brigamos por política, dinheiro, decisões pessoais de saúde, parentalidade e muito mais, deixando todos mais solitários e mais suscetíveis do que nunca a problemas de saúde mental, como a depressão e a ansiedade.[i]

Porém, ao focar a nossa polarização crescente ou atribuir tudo a "esses tempos malucos", estamos negligenciando uma parte ainda mais preocupante da equação: **nos tornamos péssimos na resolução de conflitos. Em algum momento, esquecemos que um nível de desacordo é normal e até necessário em nossos relacionamentos.** Normalizamos uma abordagem de soma zero para conflitos interpessoais e priorizamos "vencer" a qualquer custo. Embora estar com razão possa ser satisfatório, não nos recompensará a longo prazo, especialmente quando se trata de compaixão, conexão e comunidade. Mesmo assim, nos tornamos profundamente apegados às nossas posições, nos tornando piores ouvintes do que nunca. Além disso, nos sentimos impotentes diante de todos os conflitos que se infiltram em cada aspecto de nossas vidas em casa, no trabalho e na internet.

Felizmente, temos uma tremenda autoridade para reestruturar nosso relacionamento com o conflito — e ressurgir como pessoas mais fortes, mais calmas e mais gentis. Este livro fornecerá para você uma mentalidade transformadora e as habilidades necessárias para aceitar e superar conflitos pessoais e profissionais — usando os mesmos métodos que concebi e utilizei com sucesso em minha prática de direito e mediação por mais de duas décadas.

Bem-vindo ao Método SIM

Quando eu tinha 30 anos, trabalhei para um juiz do tribunal de divórcios na cidade de Nova York. Nunca imaginei o quanto eu amaria — e teria sucesso em — conduzir um divórcio problemático até um fim relativamente organizado. Orquestrar uma resolução aceita tanto pelos advogados agressivos quanto pelos clientes raivosos se tornou minha vocação.

Quando me casei com o meu marido e me mudei do Brooklyn para Northampton, Massachusetts, abri uma clínica particular de mediação focada na resolução de disputas alternativas, ou seja, pude trabalhar em colaboração com os advogados do outro lado para chegar em resoluções razoáveis. Juntos, fomos capazes de apoiar nossos clientes para que chegassem a um acordo e para que cada lado pudesse viver em paz em vez de tentar "ganhar" mais pontos no tribunal. Hoje, expandi minha clínica de mediação até a internet para ajudar as pessoas de todo os Estados Unidos a chegarem no melhor resultado possível para seus divórcios repletos de conflitos. Às vezes, os advogados se envolvem; muitas vezes, são apenas duas pessoas tentando colocar um ponto-final em um capítulo de suas vidas sem destruir um ao outro no processo. Em ambos os casos, trabalho cuidadosamente com eles para chegar a uma solução usando uma estrutura chamada *Método SIM,* que pode ser aplicada no seu conflito diário, o que exploraremos nos próximos capítulos. Alerta de spoiler: a melhor forma de percorrer o conflito começa com *você*. O segredo para melhores relacionamentos é algo acessível para todos, até mesmo nas discussões mais arraigadas. A melhor parte desse método é que é muito prático porque estabelece pequenas mudanças que resultam em grandes conclusões. É claro, você terá que realmente se envolver nos três passos e tê-los em mente sempre que se encontrar no meio de um conflito. Uma vez que você começa a se envolver com o Método SIM, verá que ter relacionamentos melhores, se não perfeitos, é possível na maioria das vezes. Falaremos mais sobre isso em instantes...

Em 2019, publiquei meu primeiro livro, *Better Apart: The Radically Positive Way to Separate* [sem publicação no Brasil], para ajudar leitores a evitar conflitos controversos e destrutivos no divórcio. Concentrei *Better Apart* em torno de cinco elementos essenciais: paciência, respeito, paz, transparência e perdão. Usando essas cinco lentes, ajudei pessoas passando pelo divórcio a reconsiderar como estavam lidando com o processo a cada momento do percurso. Desde então, já participei de dezenas de palestras e entrevistas focadas em mudar o discurso sobre o divórcio ao ajudar casais a passar pelo processo com facilidade, elegância e poder pessoal.

No entanto, depois da publicação de *Better Apart*, algo estranho aconteceu: clientes antigos e atuais, junto a muitos amigos e colegas, não me abordavam apenas para pedir orientação nos casos de divórcio — eles também queriam ajuda para lidar com os conflitos que surgiam em outros relacionamentos em suas vidas. Senti que precisava de um kit de ferramentas diferente do que aquele que recomendei em *Better Apart*, que era estruturado para ajudar os leitores a seguirem em frente depois de um relacionamento já ter sido rompido de maneira irreversível. Eu queria criar um programa para desenvolver um relacionamento mais saudável com o conflito em conjunto que fosse fácil de entender, mas que estimulasse a reflexão profunda e a mudança fundamental.

Foi nesse momento que comecei a codificar os três passos que estive usando de maneira intuitiva na mediação há mais de duas décadas. Percebi que aplicava esses passos constantemente para evitar que o conflito destruísse um relacionamento. Pensei, ao guiar as pessoas por esse mesmo caminho, que poderia ajudá-las a navegar em suas vidas por uma ampla variedade de situações que estavam gerando conflito, desde enfrentar desavenças domésticas até lidar com amigos e parentes muito amados, porém explosivos, que mantêm perspectivas políticas que consideram desagradáveis. Nomeei de Método SIM.

S de *seu* papel no conflito.

I de *importância* da parte emocional da história.

M de *mandar* conversas muito exaltadas para o arquivo.

Ao integrar essas três habilidades práticas, o Método SIM tem o poder de interromper todos os tipos de conflito e impedir que se transformem em caos completo. Isso nos impede de ter uma reação muito exagerada diante de um conflito e de cortar laços com pessoas que têm sido uma parte importante das nossas vidas. O método pode nos apresentar outras opções melhores além de ignorar, evitar ou intensificar o ponto da discórdia — opções que podem abrir caminhos para uma melhor união. E, talvez o mais importante, incentiva o tipo de autorreflexão e de trabalho emocional desafiador que encoraja um grande crescimento pessoal. Nessas páginas, irei lhe aconselhar que, antes de considerar parar de falar com um amigo, se afastar de um parente, pedir demissão de um emprego ou acabar com o casamento, você deva tentar dizer SIM primeiro para enxergar o conflito com outros olhos.

Sendo clara, não estou falando sobre fingir alegria durante uma situação ruim, nem sobre fechar os olhos para os segredos e mentiras. Também não estou sugerindo que esse método seja uma alternativa ao aconselhamento ou terapia. Existem muitas situações e experiências sérias, traumáticas e difíceis na vida que exigirão uma ajuda profissional além da que está sendo apresentada nestas páginas. Eu também reconheço que a minha vida privilegiada me deu um ponto de vista particular e limitou minhas experiências. Dito isso, desde que suas necessidades básicas sejam atendidas e você não se envolva em um relacionamento abusivo, verá que, ao se comprometer com esses três passos simples, terá a habilidade de realmente se sentir melhor e viver com muito menos conflitos redundantes e desnecessários em cada aspecto da sua vida.

Com o Método SIM, mostrarei como construir relacionamentos cooperativos e prósperos em meio a tensões no trabalho, opiniões políticas conflitantes e debates intermináveis sobre como criar seu filho — ou como encher a máquina de lavar louças. Esteja você na mesa da mediação do divórcio, na mesa da cozinha ou na mesa virtual da seção dos comentários, *melhores* relacionamentos são possíveis e mais fáceis do que você imagina. Por meio de exercícios, histórias, começos de conversas e outras ferramentas práticas, você aprenderá a manter a calma e o equilíbrio mesmo quando estiver enfrentando conversas desconfortáveis ou situações interpessoais explosivas. De novo, gostaria de enfatizar que se você estiver em um relacionamento abusivo, ir embora é a única opção. Porém, muitas vezes, em muitos cenários, temos o poder de mudar nossa dinâmica de maneiras surpreendentes que são viáveis, apoiam o nosso bem-estar assim como a saúde dos nossos relacionamentos a longo prazo.

O Método SIM não vai lhe dar paz imediata e duradoura em todos os relacionamentos, muito menos resolver todos os seus conflitos. No entanto, ele fornecerá as ferramentas necessárias para que você se aproxime de uma função superior dentro das dinâmicas interpessoais complicadas. A verdade é que paz e resolução muitas vezes são passageiras, especialmente quando estamos enfrentando conflitos arraigados com aqueles em nossos círculos mais íntimos. Meu objetivo é ajudar você a alcançar a liberdade emocional — o que eu chamo de "equanimidade" — do conflito. Essa liberdade nos permite olhar para a situação completa, abordar o conflito com uma sensação maior de neutralidade e conquistar compromissos e conclusões mais satisfatórias. Em vez de passar horas repetindo argumentos várias vezes na sua cabeça, lamentar amizades que se romperam após brigas imperdoáveis, ou ficar em volta dos mesmos pontos de discórdia por semanas, meses ou até mesmo anos, você aprenderá a aceitar o conflito como parte de todos os relacionamentos — e usar como uma oportunidade valiosa para crescer e alcançar o equilíbrio na sua vida.

Para encontrar a equanimidade, começamos olhando para dentro. Embora muitos de nós pensemos que o conflito está do lado de fora, a verdade é que nossa experiência é amplamente subjetiva e nasce de nossas percepções, hábitos e narrativas internas. Em outras palavras, o conflito acontece não só por conta de uma diferença de opinião sobre um assunto; também pode surgir devido a hábitos, percepções e mentalidades fixas que governam tudo o que fazemos.[ii]

O Método SIM não é um guia puramente prescritivo para a mediação nem é sobre conseguir o que você "quer" de um conflito. Ao contrário, é um método projetado para ajudar você a tornar seus relacionamentos melhores e, talvez mais importante, alcançar um estado de equilíbrio interno. Notar onde chegamos a um impasse de discordância com outras pessoas (e com nós mesmos) é esclarecedor. É uma oportunidade tanto para alcançar um entendimento mais amplo do que nos torna mais fortes quanto para nos guiarmos com sucesso pelo mundo muitas vezes incrivelmente irritante em que vivemos.

À medida que avançar nessas páginas, você começará a se tornar mais consciente do seu papel no seu conflito e receberá instruções para ajudá-lo a examinar como suas maneiras habituais de pensar, agir e reagir estão contribuindo para a situação. Essa transparência interna oferece um caminho para recalibrar seus relacionamentos de dentro para fora. Você aprenderá a extrair a história emocional e a arquivar conversas mais exaltadas para evitar trocas desnecessárias ou improdutivas. Ao ler e aceitar o Método SIM, você verá **como as mudanças pequenas possuem um grande impacto**. E se tornará mais autoconsciente, terá mais atenção e mais sintonização com a situação completa enquanto passa pelas armadilhas e obstáculos da vida e dos relacionamentos humanos.

O segredo: O Método SIM

O Método SIM consiste em três passos principais: entender o *seu* papel no conflito (sua parte na dinâmica, seus objetivos no relacionamento, suas atitudes e seus hábitos), destrinchar a parte emocional *importante* da história (entender as necessidades verdadeiras um do outro e as próprias narrativas internas), e a mandar conversas muito exaltadas para o arquivo (implementando momentos de pausa adaptados para redirecionar possíveis conflitos e tornar as conversas mais tranquilas). Esses passos possuem uma progressão consciente da vontade interna para o comportamento externo.

Reconhecer que o conflito é uma dádiva que ajuda um relacionamento a evoluir me permitiu resolver centenas de mediações complexas. Melhor ainda, permitiu-me manter um rico círculo de amigos e colegas de trabalho que possuem pontos de vista muito diferentes de mim e uns dos outros. O Método SIM incentiva interações mais moderadas, conversas mais profundas e, acima de tudo, um sentimento emocionalmente edificante de equanimidade em casa, no trabalho e na vida. Ao usar o Método SIM, você ganhará uma habilidade renovada de se envolver com o seu interno e com o mundo ao seu redor.

Até mesmo quando acontece o conflito mais sísmico — pandemias, divisões políticas e irregularidades institucionais —, você sempre pode buscar o Método SIM. O mais emocionante do Método SIM é que o processo muda fundamentalmente a forma como interagimos e respondemos a outras pessoas sem precisar mudar nada em nossas vidas — além das nossas mentes. É um guia para libertar você do lamaçal de conflitos aparentemente incontroláveis.

Para ajudá-lo a entender e a implementar o Método SIM em sua vida, *O segredo para bons relacionamentos (e por que é mais fácil do que você imagina)* está dividido em quatro partes: "Parte I: o seu papel no conflito", "Parte II: a história emocional importante", "Parte III: arquive conversas muito exaltadas" e a arma secreta no fim do livro: "Parte IV: sim, você pode se relacionar bem".

Parte I: o seu papel no conflito. Esta primeira seção demonstra por que o conflito é sempre uma via de mão dupla. De maneira consciente ou inconsciente, tendemos a culpar completamente a outra parte com quem estamos em conflito, abdicando o nosso papel na dinâmica.[iii] Nessa parte, irei instruí-lo a olhar profundamente para o *seu* papel no conflito em sua vida e a identificar as dinâmicas do relacionamento que mais estão lhe causando angústia. Também o convido a pensar com cuidado sobre o seu objetivo para um relacionamento quando estiver em conflito e a considerar o que você realmente ganha quando tenta "vencer" uma discussão. Essa parte esclarecerá ainda mais o quanto nossas maneiras habituais de pensar e agir podem moldar nossas interações de forma poderosa.[iv] Ao prestar atenção de modo consciente e fazer pequenas mudanças nos padrões de pensamentos e comportamentos habituais, você descobrirá que pode passar menos tempo discutindo e mais tempo aproveitando seus relacionamentos.

Parte II: a história emocional importante. Depois que você ganha consciência sobre o seu papel no conflito e um conhecimento sobre como reestruturar seus hábitos pode ser benéfico, levarei você ainda mais fundo e ensinarei como ouvir de uma maneira que o ajude a alcançar melhores resultados. Especificamente, esta seção abordará como ouvir o que você está realmente discutindo — ou o *porquê* em vez do *o quê* no conflito. Também enfatizarei a necessidade importantíssima de estar ciente da sua narrativa interna. Somente ouvindo com atenção a fonte por trás de nossas reações podemos começar a entender o que nos motiva. Ao mesmo tempo, você aprenderá a ouvir genuinamente ao que a outra pessoa está dizendo e a fazer perguntas destinadas a desenvolver um verdadeiro entendimento da posição dela. Você será incentivado a tirar um tempo para processar completamente o que está ouvindo em vez de reagir de imediato para como isso o faz se sentir. Recorrendo ao autoconhecimento e hábitos obtidos na Parte I, você poderá moderar sua reação ao conflito e se manter aberto para o significado mais profundo por trás das palavras e ações de cada parte.

Parte III: arquive conversas muito exaltadas. Esta terceira seção ajudará você a alinhar seu comportamento interno mais cuidadosamente com o seu comportamento externo. Arquivando ou fazendo uma pausa quando as conversas e os relacionamentos ficam exaltados, você alterará de maneira radical os resultados tanto no seu próprio comportamento quanto nos seus relacionamentos. Abrir um espaço para pensar e resolver emocionalmente antes de reagir irá ajudá-lo a identificar as palavras e ações que extrairão mais do que você deseja das suas interações. Mesmo se for o único envolvido no processo, você se tornará menos defensivo e aprenderá a criar limites mais fortes, além de aprender mudanças comportamentais que serão cruciais para transformar a maneira como você responde a outras pessoas, de negativo para neutro e até positivo.

Parte IV: sim, você pode se relacionar bem. Apesar de seus melhores esforços em adotar as práticas descritas nas três primeiras seções com entusiasmo, conflitos profundamente arraigados ainda podem surgir. Esta seção o convida a criar estratégias sobre como ir mais fundo ao se tornar mais vulnerável com o seu ponto de vista sobre qualquer relacionamento específico, seja com outra pessoa ou, mais importante, com você mesmo. Vou ensinar estratégias para se preparar para um futuro conflito dando um passo para trás antes de seguir em frente. Vou enfatizar como é possível conseguir o que você deseja de todos os seus relacionamentos com mais frequência ao aceitar suas vulnerabilidades e visualizar seus objetivos, desse modo, trazendo-os para a realidade.

Essa última seção também aborda a realidade de que o Método SIM é um processo em andamento. Compromisso, concessões e permissões são necessárias em todas as nossas interações. O objetivo é que você consiga o máximo de todos os seus relacionamentos e interações com o tempo. O alinhamento interno e externo com uma dose saudável de paciência é fundamental, assim como sempre lembrar que, enquanto permanecermos abertos, nossos relacionamentos estarão sempre evoluindo.

Em vez de evitar conversas mais difíceis e desconfortáveis, usar o Método SIM permite que você se envolva em interações mais importantes de maneira mais produtiva. Na verdade, o Método SIM nos apresenta uma melhor maneira de lidar com o conflito que permite uma evolução positiva em nossos relacionamentos. Tendemos a pensar no conflito como algo ruim ou pouco saudável. No entanto, com as ferramentas do Método SIM, até mesmo os conflitos mais arraigados podem se tornar oportunidades não apenas para o crescimento interpessoal, como também para um crescimento pessoal incrível.

O conflito é parte da vida. Simplesmente não há como evitá-lo. Conflitos em relacionamentos de qualquer tipo podem nos deixar tristes e incapazes, e carregam o potencial de colocar nossas vidas de cabeça para baixo. Porém, o conflito também pode ser uma dádiva. Ele nos oferece a rara oportunidade de construir e aprofundar nossas conexões com outras pessoas. Aprendendo o Método SIM, podemos reestruturar e sustentar nossos relacionamentos de forma significativa em um mundo repleto de conflitos. Podemos não só resolver o maior conflito das nossas vidas, mas também transformar nossos relacionamentos e reformular nossas vidas de dentro para fora.

Com o Método SIM, é possível se libertar dos conflitos desnecessários e traçar um caminho melhor para seguir. Depois de dominar todas as etapas internas, você sairá da confusão para a lucidez, da crise para a calma. Um dia de cada vez, uma conversa de cada vez, você se libertará emocionalmente do conflito.

PARTE I
O seu papel no conflito

Este primeiro passo do Método SIM pede para que você esclareça o seu papel no conflito, especialmente as emoções, preconceitos e suposições que contribuem para ele. Goste ou não, nós quase sempre somos parte do problema em qualquer conflito... e também somos a única parte que podemos controlar. Sem entender por completo o seu papel em um conflito, a capacidade de recalibrar as dinâmicas do relacionamento fica limitada e podemos perder oportunidades de crescimento pessoal e interpessoal. O primeiro passo do Método SIM o ajudará a estabelecer o estado mental receptivo que permitirá que avance para o próximo: começar a ouvir e acessar a neutralidade.

Este início fundamental o ensinará a identificar como suas palavras e ações contribuem para o conflito em sua vida, como conseguir transparência nas metas para cada um dos seus relacionamentos complexos e a reconhecer como seus hábitos (isso é, pensamentos, atitudes e ações habituais) também podem estar colaborando. Quando identificamos e entendemos esses hábitos, conquistamos a habilidade de moldar as respostas que recebemos de outras pessoas, dando o pontapé inicial para mudanças significativas em nossos relacionamentos. A verdadeira comunicação só acontece quando notamos primeiro a nossa parte no conflito.

CAPÍTULO UM
Reconheça o seu papel

Conflitos não são novidade para mim. Crescer em uma casa barulhenta de família italiana e judia em que ninguém recusa uma discussão me ensinou uma coisa ou outra sobre como falar o que penso, reagir, me encaixar e conseguir o que quero muito nova. Observando uma boa quantidade de caos ao meu redor, também aprendi que cada um de nós tem o poder de transformar as dinâmicas radicalmente fazendo pequenas mudanças em como nos comunicamos. Dizemos com frequência que quando um não quer, dois não brigam — e, embora pareça muitas vezes que a outra pessoa está "causando" a briga, quando nos afastamos, é muito fácil enxergar o nosso papel no conflito. Por exemplo, se você tem o hábito de falar com seu parceiro enquanto joga no celular, ele ou ela pode se sentir menosprezado e responder de forma monossilábica, distante, exigente ou carente. Com o tempo, esse hábito aparentemente inofensivo pode desgastar um relacionamento. Ou se você chega no seu escritório às 10h e trabalha até as 21h, mas o horário comercial padrão é de 8h às 17h, não se surpreenda quando receber uma advertência, mesmo que esteja trabalhando mais tempo do que a maioria.

Se você quer que seus relacionamentos sejam mais fáceis e deseja começar a se relacionar melhor com os outros, reconhecer o seu papel no conflito é essencial. Vejamos os erros, preconceitos e problemas inconscientes comuns que criamos nos relacionamentos cotidianos.

Quando esclarecermos como estamos causando respostas negativas, podemos entender como começar a mudar os pensamentos, as palavras e os comportamentos para que possamos nos sentir melhor de dentro para fora.

Não é você, sou eu

Quando conheci meu marido, Mitch, noivamos rapidamente. Tínhamos uma ótima química, ele era atencioso de um jeito doce e, depois de anos namorando uma boa dose de profissionais que moravam em Nova York e em bairros de classe média, achei que ele era uma novidade charmosa que dirigia uma picape Toyota Tacoma, tinha um amor pela pesca e pela caça, e um doutorado em ornitologia. Só tinha um problema: ele era do interior e eu era nascida e criada em Nova York. Eu estava no começo dos trinta anos na época e havia sido madrinha de casamento quinze vezes. Na minha cabeça, era hora de me casar e ter filhos. Deixei meu conceituado escritório jurídico, meus amigos e minha família para me mudar para o interior, seguindo o meu marido ornitólogo para começarmos uma família. Eu sabia que ele recebia um salário menor que o meu, mas só depois de me mudar percebi que ele viajava muito a trabalho e, quando estava em casa, passava um tempo considerável na academia.

Quando Mitch anunciou que iria aceitar um novo emprego que o afastaria ainda mais de casa, embora apreensiva, aceitei. Eu dei permissão para ele fazer o que quisesse, dizendo que deveria seguir sua vocação. Parecia a escolha certa a fazer, mas ainda me sentia profundamente frustrada. Dentro de um curto período, percebi que estava desencantada com a minha nova vida, dada a pressão financeira para complementar a renda dele e minhas crescentes obrigações maternas. Em pouco tempo, Mitch conseguiu uma promoção que o tirava de casa por 25% do tempo. Quando ele chegava das viagens, ficava ansioso para compensar o tempo perdido quando estava fora; queria ir para a academia, caçar (o que, como carnívora, era um hobby que sentia que devia apoiar), cozinhar e passar um tempo com nossos três filhos. Eu me sentia irritada, sozinha e invisível. Não conseguia entender por que meu namorado apaixonado e otimista havia se transformado em um marido que não me dava a atenção que eu tanto desejava. Com o tempo, me sentia cada vez mais rancorosa e incapaz de mudar a situação.

Mas então percebi: fui cúmplice em nossa dinâmica desigual durante todos esses anos. Senti que não tinha nada na minha vida que fosse meu. Eu me virava de acordo com a direção que ele precisasse para apoiar os sonhos dele, mas o que eu estava fazendo por mim? Muito pouco. E de quem era a culpa? Só quando cheguei no fundo do poço com o nosso relacionamento, percebi que eu era parte do problema — e que a única maneira que poderia mudar minha situação seria se eu começasse a pensar e a agir de forma diferente.

Comecei a me incentivar da mesma forma que incentivava Mitch. Em vez de culpá-lo pela minha infelicidade, comecei a reformular minha vida. Me envolvi mais com o mundo, como antes de nos casarmos. Comecei a cuidar das minhas próprias necessidades fora do casamento e além dos meus filhos. Sempre me animava para encontrar amigos na cidade, mas, além disso, fazia muito pouco para mim. Quando comecei a me incentivar a exercitar, fazer mais *para mim* e fazer mais no mundo — escrevendo o meu primeiro livro com o qual havia sonhado durante anos —, comecei a me sentir melhor.

Quanto a Mitch, para minha surpresa, ele se adaptou.

No início, toda vez que eu dizia para ele que estava exercendo minha independência autoconcedida, me preparava para a possível reação. Porém, para minha alegria, quase não houve. Reconstruí o meu mundo de uma maneira radical, porém silenciosa. Desperdicei anos da minha vida vivendo com raiva e culpa, sem perceber que, ao culpar o meu marido por *minhas* escolhas, fui parte do problema esse tempo todo. Talvez ele pudesse ter sido mais atento aos meus sentimentos de solidão ou mais atento às minhas necessidades emocionais, mas, no geral, Mitch não estava sendo um babaca durante os dias difíceis, estava só vivendo a vida como desejava. Cabia a mim fazer o mesmo. Quantos anos desperdicei discutindo ou ficando obcecada sobre como estava triste? Tempo demais.

Muitas vezes, quando ficamos com raiva, culpamos os outros por nossa insatisfação e contamos uma história negativa para nós mesmos — depois, brigamos ou fugimos.[i] No entanto, é nossa responsabilidade notar e esclarecer o papel que temos em cada uma dessas dinâmicas complexas. Isso não significa que você é culpado por todos os problemas; pelo contrário, significa que faz parte da dinâmica. Quando estamos atentos, ou cientes, do nosso papel na dinâmica, temos o poder de reduzir ou até mesmo acabar com grandes conflitos. Se mudarmos nossos pensamentos, palavras e ações, extrairemos uma reação mais positiva, e o relacionamento começará a mudar. Essa percepção de que somos parte do problema é *essencial* antes de podermos fazer qualquer outro passo do Método SIM. É aqui que começamos a reconhecer nosso papel nas dinâmicas complexas e passamos a desenvolver as estratégias que nos permitirão fazer parte da solução.

#MetaDeRelacionamento

É claro, nem todo relacionamento tem o mesmo grau de importância. Há um continuum ou hierarquia de cuidado relativo que temos por nossos parceiros, parentes, amigos, colegas de trabalho, colegas de classe, vizinhos e até mesmo estranhos. Embora sejamos biologicamente programados para a conexão, as metas de relacionamento variam. Como Mitch e eu somos casados, fiquei bastante motivada a buscar uma maneira de resolver o conflito que estava sentindo por conta das diferenças em nossos estilos de vida e a encontrar uma solução que funcionasse para a família inteira. Embora a resolução dos nossos conflitos talvez fosse diferente se nos divorciássemos, porque temos filhos e uma história, ainda ficaria bastante motivada a encontrar uma maneira de ser respeitosa com ele e com sua maneira de fazer as coisas, que talvez não seja a mesma que a minha.

Considere o quanto um problema ou desacordo específico é importante para você no contexto mais amplo do seu relacionamento. Nem todas as discussões podem ser resolvidas, assim como nem todos os relacionamentos possuem o mesmo grau de importância. Porém, na maioria das vezes, as interações podem ser tratadas de modo neutro, se não positivo. Antes de se aprofundar muito no seu papel em qualquer conflito, considere avaliar a importância relativa da outra pessoa na sua vida. Só você sabe o quanto se importa com uma dinâmica específica ou quais são as suas metas de relacionamento. Sua meta pode ser tão simples quanto se dar bem com a sua mãe durante uma visita de duas horas ou sentir-se confortável ao chegar no trabalho todos os dias. A decisão de abordar um problema vai depender se o relacionamento e o problema são importantes para você.

Como determinar a importância relativa dos seus relacionamentos depende de quem a pessoa é em relação a você. As perguntas que você faria a si mesmo sobre um de seus pais ou irmãos são diferentes das que faria se estivesse considerando um colega de trabalho ou um empregado e, novamente, diferentes daquelas sobre um amigo ou parceiro romântico.

Por exemplo, se você está tentando conhecer melhor um relacionamento romântico, as perguntas que você deve fazer a si mesmo são sobre como vocês se sentem, incluindo:

- Cada um faz o outro se sentir uma pessoa melhor?
- Vocês compartilham os sentimentos?
- Vocês se aceitam como são?
- Vocês se comunicam de maneira respeitosa?
- Vocês compartilham metas e valores?
- Vocês confiam um no outro?

Por outro lado, se você estiver explorando seu relacionamento com colegas de trabalho ou com um superior, antes de destruir sua dinâmica com eles, pode considerar:

- O quanto o trabalho é importante para você?
- Quais são suas chances de conseguir um outro emprego?
- É viável mudar de departamento?
- Há alguma parte neutra ou um departamento de recursos humanos que possa facilitar a mediação?

E, se você está refletindo sobre seu relacionamento com amigos, o ideal é se perguntar:

- O quanto a presença dessa pessoa na sua vida é importante (vocês possuem um empreendimento juntos/existe alguma razão financeira ou legal que você deve considerar caso haja um desentendimento com ela)?
- Quanto tempo vocês passam juntos?
- Vocês fazem o outro se sentir bem? Fazem o outro ser uma pessoa melhor?
- Vocês são honestos um com o outro quando é importante?
- Essa pessoa é parte de uma dinâmica ou um grupo social maior que pode ser desfeito caso você corte laços com ela?

O ponto principal é que cada um de seus relacionamentos possui muitas camadas e precisa ser analisado com cuidado antes de encerrar algum relacionamento importante ou se aprofundar demais em pessoas que simplesmente não merecem ocupar um espaço grande na sua mente.

A forma como nos comunicamos com os outros pode determinar o resultado de uma interação e, até certo ponto, pode valer a pena o esforço extra se um relacionamento específico for ou não especialmente importante de uma maneira óbvia. Como as perguntas anteriores podem revelar, mesmo se você não se importar com alguém ou tiver uma necessidade óbvia de manter um relacionamento, às vezes há benefícios secundários em manter a paz, como descrito mais à frente na seção "Não se afaste, se aproxime (às vezes)".

Por exemplo, entrar em acordo com o seu vizinho sobre questões políticas pode não ser tão essencial (ou possível) quanto chegar em um acordo com o seu ex sobre com que frequência as crianças devem comer doces na casa de cada um. Pense a longo prazo quando avaliar a importância relativa de uma dinâmica específica. Defina uma meta clara e concisa para cada interação. A partir daí, você pode seguir em frente. Em outras palavras, em vez de dizer algo genérico como:

"Quero me dar bem com a minha mãe", tente: "Farei uma visita agradável à minha mãe, hoje, de 13h as 15h." Pequenos passos específicos são a única maneira de fazer mudanças grandes e duradouras.

Nem todos os relacionamentos são criados para serem iguais, mas uma sensação de paz na vida cotidiana é essencial. Quando você não se sente confortável em uma dinâmica específica, isso faz mal para o seu bem-estar geral. Seja em relação a um estranho na rua, um superior prepotente ou uma amizade frustrante, seu relacionamento com você mesmo é impactado pela sensação de paz que você mantém com o mundo ao seu redor.[ii] Você é livre para descartar os relacionamentos que não estão mais lhe beneficiando de nenhuma forma, é claro. Porém, antes de descartar demais, vamos dar uma olhada em como contribuímos com o fim dos nossos relacionamentos e considerar se podemos tolerar algo além da abordagem tudo ou nada para a conexão. O primeiro passo para fazer uma mudança relevante em um relacionamento é entender quais são as metas para ele. Quando sua visão estiver clara, você poderá dar andamento para a nova dinâmica.

Muitas vezes, a terapia é necessária para resolver alguns problemas. O Método SIM certamente não pretende substituir o trabalho importante que um profissional da saúde mental pode oferecer. E, infelizmente, alguns relacionamentos são irrecuperáveis. Se você está em uma situação perigosa, abusiva ou instável, às vezes terminar um relacionamento (arquivar a longo prazo!) é a única resposta.

Esclarecendo metas e expectativas: encontre soluções em meio aos tons de cinza

Quando estamos presos em um ciclo de discussões, os pensamentos ficam totalmente polarizados. Nos iludimos acreditando que, se conseguirmos o que queremos (ir para a viagem que desejamos, organizar as férias que preferimos, fazer o projeto que cobiçamos), a situação ficará perfeita. Na verdade, a resolução de conflitos não é preta e branca: o fato é que as melhores soluções residem nos tons de cinza. Para lidar com o conflito interpessoal, você deve fazer duas coisas:

1. Estar ciente do seu papel no conflito.
2. Esclarecer suas metas para o relacionamento impactado por este conflito.

Primeiro, pergunte-se como pode contribuir para a discussão. Como pode assumir maior responsabilidade na criação de um melhor resultado para o seu relacionamento e para si mesmo? Pergunte-se se há algo a que possa reagir de maneira diferente para melhorar o fluxo da comunicação. Descobri que tentar diferentes respostas e soluções que parecem completamente alheias às minhas reações instintivas fazem meus pensamentos relaxarem e criam oportunidades para resultados que, de outra forma, não teria considerado.

Às vezes, depois de refletir, você pode notar que está mais empenhado apenas em estar *certo* do que no resultado real da discussão. Nesse caso, tente dar respostas alternativas para a questão ou evento problemático.

No meu papel como mediadora, sempre ouço duas perspectivas do mesmo conjunto de fatos. Um ponto que me parece particularmente interessante é que até mesmo as partes mais polarizadas chegam nas sessões dizendo veementemente que só querem o que é "justo". Porém, não existe algo justo de forma objetiva; tudo o que existe é... perspectiva. O arco-íris pode não levar ao pote de ouro, para a vitória completa, mas, por meio de um profundo entendimento de perspectiva, podemos fazer mudanças sutis aos pensamentos, palavras e ações, o que leva até uma sensação de conforto igualmente mágica.

Seja em casa, no trabalho ou em qualquer outro lugar na vida, é muito fácil que discussões saiam do controle, o que nos leva ao segundo ponto: esclarecer metas e expectativas.

Vejo isso o tempo todo na mesa de mediação: quando estamos em uma discussão aparentemente intratável, é fácil sermos levados para inúmeros buracos que só intensificam o debate e os sentimentos de angústia e descontentamento. Por essa razão, acho particularmente útil estabelecer metas concretas desde o começo. Dessa forma, quando as coisas saírem dos trilhos (o que será inevitável), poderei redirecionar as partes e seus advogados de volta para a resolução de tais metas.

Por exemplo, em uma situação de divórcio, as partes chegam para a negociação dizendo que possuem o objetivo comum de compartilhar a guarda igualitária dos filhos. Porém, quando começamos a entrar em detalhes do plano parental, especialmente quando crianças mais novas estão envolvidas, um dos pais pode começar a insistir que deveria ter a maior parte do tempo com elas porque o outro não está levando as questões de segurança tão a sério. Em vez de apontar dedos em um debate, voltamos para o primeiro objetivo comum previamente definido. Então, é mais provável que a posição de precisar estar com os filhos "na maior parte do tempo" diminua ao se estabelecerem medidas de segurança (por exemplo, armas guardadas em cofres, portão da piscina fechado, horários de dormir combinados) para os dois lados para amenizar quaisquer preocupações. Apenas um pequeno passo redirecionando as partes de volta para o objetivo em comum de serem pais em pé de igualdade põe a conversa em foco novamente em uma direção positiva.

Quando estou envolvida em um caso de divórcio particularmente complexo ou controverso, os dois lados tentam chamar minha atenção. Às vezes, antes de me sentar à mesa de mediação, eles fazem o melhor para tentar me convencer de que a outra parte é completamente responsável por tudo de errado na situação. Eles querem que eu pense que a outra parte é a única causa do conflito que acabou sozinho com o relacionamento e que fique do lado deles de um ponto de vista emocional. Mas sei, com meus vinte e cinco anos de prática, que a única maneira de resolver é sendo imparcial. O primeiro passo do meu trabalho com os clientes se torna claro: ajudá-los a escapar do apego de estarem "certos" e esclarecer o que realmente querem da mediação. É o mesmo para cada um de nós nas interações diárias.

A personalidade está nos olhos de quem vê

Como meus clientes de mediação, é provável que você tenha uma parcela de pessoas um pouco problemáticas e outras difíceis de lidar na sua vida, sejam elas indivíduos específicos ou determinadas situações. No mundo atual de extrema polaridade, precisamos aprender a conviver com todos os babacas nas nossas vidas como se elas dependessem disso. Porque dependem. E tudo começa reconhecendo que, da perspectiva da pessoa ou parte com quem você está em conflito, *você* pode ser o problema e nem se dar conta.

Quando a série de televisão *Friends* ainda estava no ar, os caras que eu namorava costumavam me comparar tanto com a espontânea Phoebe quanto com a tensa Monica. Quando o Cara A teve uma prévia do meu lado mais extravagante do tipo Phoebe, ele a recebeu com algo mais do que euforia. Do mesmo modo, quando o Cara B conheceu meus traços mais tensos do tipo Monica, não gostou desse lado. De maneira natural, eu me via como uma pessoa completamente integral e equilibrada, então, quando fui confrontada com esses espelhos extremos, me senti incompreendida. Em vez de reagir de forma defensiva, fiquei curiosa. O que passei a notar com o tempo é que pessoas diferentes me viam com um hiperfoco em características específicas — e as características específicas nas quais se concentravam eram aquelas de que não gostavam. A personalidade está nos olhos de quem vê.

Se você pedisse a dois amigos próximos que são os mais diferentes entre si para descrever você, provavelmente encontraria o mesmo resultado. Seus amigos iriam listar as suas qualidades que mais os agradam (ou irritam) e ignorariam o resto. De maneira semelhante, se pedisse a um conhecido para te descrever, essa pessoa pode focar aspectos da sua personalidade que você nem percebia que tinha. **Como nos vemos tem pouco a ver com a forma que os outros nos veem.**

Nem todo mundo verá e interpretará o que fazemos de uma forma positiva, e tudo bem. O fato de estarmos em desacordo não é o problema — o problema é não reconhecermos que, sempre que acontece um conflito em nossa vida, temos escolha sobre como pensar, falar e agir diante dele.

Só porque somos parte do problema, não significa que estamos fazendo algo errado. A sua personalidade pode simplesmente ser o que desencadeia o conflito em certos relacionamentos. Talvez seja o hábito de fazer piadas constantes ou tratar as coisas com muita seriedade que seja um problema para a outra pessoa. Talvez seja a arrogância, ou a timidez, ou o modo como pensamos, aparentamos ou andamos. Independentemente do que desencadeia o conflito, é a atitude durante a discórdia — especialmente como pensamos no nosso papel nela — que nos permite lidar com sucesso com os babacas em nossas vidas.

Quando você analisa o cenário do conflito, é essencial que considere e até mesmo liste as várias maneiras nas quais pode estar contribuindo com ele. Porque, por mais difícil que seja admitir, quase sempre fazemos parte do problema. Não podemos aprender e praticar o Método SIM de modo eficaz a não ser que abandonemos a crença de que a outra parte é a única culpada.

Esclarecer o fato de que você pode ser visto de maneira diferente por pessoas diferentes é muito importante. Entendendo como o seu comportamento está impactando aqueles ao seu redor, é possível compreender as limitações de certas interações e implementar mudanças que farão com que os relacionamentos mais importantes fiquem mais leves.

Por exemplo, você pode achar um colega de trabalho, Joe, desinteressante e pessimista, mas ouvir outra colega, Sylvie, usando palavras como "inspirador e envolvente" ao falar dele. Nenhum dos dois está necessariamente louco ou mentindo. Ao contrário, vocês possuem percepções diferentes. Agora imagine que, em vez de Joe ser visto de maneiras totalmente opostas por pessoas diferentes, é provável que a sua personalidade esteja impactando a maneira como o colega se relaciona com você. Talvez Joe saiba que você o vê como uma pessoa prepotente e cansativa de ouvir, então decidiu ignorá-lo quando você fala. Reconhecer que a maneira como você vê as coisas não é objetivamente "verdadeira" prepara o caminho para começar a reformular a sua percepção, o que provavelmente resultará em respostas diferentes. Uma boa dica para entender por que as pessoas agem de maneira diferente começa com o entendimento de que a percepção delas guia como agem e como respondem à sua maneira de agir.

Quando começamos a explorar como os outros enxergam o mundo, podemos começar a apreciar de verdade como podemos ser vistos por outros, assim como podemos nos conectar melhor com pessoas que têm visões diferentes.

Vamos observar várias situações conflitantes e abrir nossos olhos para as maneiras em que podemos ser parte da equação problemática.

Não acredite em tudo que pensa

Às vezes, ficamos tão apegados às nossas posições que tiramos conclusões erradas, criando caos desnecessário. Há centenas de maneiras pelas quais isso acontece em todas as áreas das nossas vidas. A seguir, uma ilustração simples do que quero dizer:

Lembro-me de um Natal em que disse ao meu irmão que gostaria que as meias de nossos filhos "fossem preparadas" juntas. Porém, antes que eu pudesse dizer outra palavra, meu irmão respondeu com desdém que ele não acreditava em tanto consumismo. Tudo bem, acho que o chamei de Grinch ou Scrooge e disse que estava cheio de gracinha, depois mudamos de assunto. Normalmente, nos falamos quase todos os dias, mas acho que posso dizer com tranquilidade que a conversa sobre as meias de Natal nos deixou um pouco irritados. Enquanto estávamos apegados a ideias erradas sobre os nossos motivos, não nos telefonamos. Depois de mais ou menos uma semana sem entrar em contato um com o outro, um de nós pegou o telefone e finalmente tiramos um tempo para ouvir a história completa. Em sua cabeça, ele supôs que eu iria sobrecarregá-lo com a irritante tarefa de montar todas as meias. Mas, se ele tivesse me deixado terminar, teria entendido que eu só queria dizer que, independentemente de quem fosse montar as meias, só queria que todos os nossos filhos estivessem juntos na manhã de Natal para que pudessem abrir os presentes. Nem mais nem menos. Até onde eu sei, como as meias seriam preenchidas e por quem ainda era um assunto em aberto.

Quando interrompemos uma conversa por presumir a resposta da outra pessoa, acabamos com a chance de uma comunicação recíproca importante. Pessoalmente, eu sei que muitas vezes passo para o próximo assunto antes que a outra pessoa (geralmente o meu marido) finalize o pensamento. Se não estou prestando atenção, posso reagir ou concordar com algo antes que ele chegue ao assunto principal. E depois, o que acontece? Ele reage e eu fico irritada.

O problema em remexer em assuntos

Deixe-me apresentar um exemplo recente de uma antiga cliente que pode soar familiar para você.

Lisa, uma mulher na faixa dos 50 anos, postou em sua página do Facebook que estava preocupada, e um pouco ofendida, que muitos do memes da "Karen" (a representação popular de "uma Karen" como uma mulher branca de meia-idade, arrogante e ignorante, com um corte de cabelo curto assimétrico pedindo para falar com o gerente[iii]) eram contra mulheres.

Uma discussão reflexiva surgiu nos comentários, até que Darren, um amigo e colega de trabalho de longa data, fez um comentário casualmente ofensivo sobre mulheres agressivas.

Lisa se sentiu humilhada publicamente por um amigo de longa data. Ela excluiu a publicação, mas sentiu que a amizade com Darren havia acabado. Ela não tinha falado nada com Darren além da troca no Facebook, exceto por um olá casual no trabalho, e não tinha certeza se falaria de novo. Lisa estava triste, mas também enfurecida. *Como assim ele fez isso?*

Ao ler isso, observe para onde vai a sua mente. Você se pega criticando Darren? Lisa? A situação? Nossos pavios andam mais curtos e menos tolerantes do que nunca. Lidar com relacionamentos em casa e no trabalho é difícil o bastante, mas passar por um conflito na internet é, muitas vezes, mais difícil ainda. Essas interações estão em uma distância física e, naturalmente, carecem das ricas nuances que extraímos de uma conversa em pessoa ou até mesmo no telefone. Somos péssimos ouvintes.[iv] Nossa incapacidade de ouvir impede a nossa capacidade de sermos comunicadores melhores. No ambiente online, há uma probabilidade ainda maior de desentendimentos sem os benefícios da linguagem corporal, tom de voz e contexto.

Felizmente, Lisa e Darren recuaram e não colocaram mais lenha na fogueira. Se reagissem de modo emocional, essa interação teria causado a destruição do relacionamento por completo. Um comentário reativo poderia ter remexido a panela emocional já borbulhante e acabado com uma amizade duradoura. Depois de um tempo, eles tiveram uma conversa difícil, mas respeitosa, e, por fim, produtiva. Darren pediu desculpas por atacar as pessoas nos comentários e Lisa reconheceu que, se ia postar algo controverso, precisava aceitar as possíveis críticas.

Não se afaste, se aproxime (às vezes)

E se você quiser que seu filho tenha mais lições de casa, mas o querido professor acreditar que lições de casa causam ansiedade? Ou se sua sogra estiver sabotando o progresso que você e seu parceiro fizeram juntos na terapia? Para muitos de nós, a reação padrão é se afastar do relacionamento, criando distância do conflito. Se muitas vezes essa é a sua abordagem, é útil considerar que, em vez de se afastar das pessoas que veem as coisas de maneira diferente da nossa, às vezes a solução correta é se aproximar delas — envolvê-las mais ainda na situação, aprofundar o investimento no relacionamento e reforçar as conexões entre vocês.

Vamos observar Joseph, o filho de dezesseis anos de Stu e Sophie, meus clientes divorciados. Joseph havia sido diagnosticado recentemente com TDAH e recebeu medicamentos prescritos por seu pediatra. Stu e Sophie se encontraram com Lucy, a terapeuta dele, após o diagnóstico. Durante a consulta, Lucy sugeriu para Stu e Sophie que acreditava que o THC ou a cannabis era um tratamento mais adequado em vez de medicamentos prescritos. Durante a mesma consulta, Lucy explicou que, a não ser que temesse pela segurança dele, por causa da sua idade e das leis do estado em que moravam, Stu e Sophie não seriam notificados se Lucy soubesse que Joseph estava usando maconha ou outras drogas devido ao relacionamento confidencial de médico e paciente. Embora os comentários de Lucy tenham feito Stu e Sophie refletir, eles não estavam tão preocupados que Joseph estivesse realmente usando drogas. Eles também notaram que, o mais importante, Joseph parecia estar indo melhor na escola e em casa depois de muitas sessões com Lucy.

Três meses depois, Stu encontrou uma lata de balinhas de THC vindas do dispensário do bairro na primeira gaveta de Joseph. Ele ligou para Sophie e, enquanto discutiam a descoberta de Stu, presumiram que Lucy havia incentivado Joseph a usar drogas, e consideraram parar o tratamento dele com a terapeuta. Mas, antes de se encontrarem com ela, eles me ligaram para ajudá-los a avaliar outras opções. Com a minha ajuda, perceberam que, em vez de afastar a orientadora psicológica amante de cannabis, em quem o filho confiava, deveriam considerar se aproximar dela. Afastar Lucy poderia fazer com que Joseph ficasse magoado com eles ou recusasse se envolver com um novo orientador. Além disso, os progressos que Joseph havia feito em seu tratamento poderiam ser interrompidos.

Stu e Sophie se encontraram com Lucy novamente para entender o melhor caminho a seguir. Durante a reunião, eles descobriram que Lucy estava apenas expressando a crença geral de que remédios naturais às vezes são melhores do que medicamentos prescritos por médicos durante aquela consulta anterior. Ela ficou surpresa ao saber que Joseph estava usando maconha. Além disso, ela também esclareceu que nunca pretendeu apoiar o uso de maconha em vez de medicamentos prescritos. No fim, Lucy concordou em seguir em frente com Joseph apoiando a posição dos pais contra o uso da maconha. Como Stu e Sophie se aproximaram de Lucy, puderam abordar o uso de drogas de Joseph e preservar o relacionamento eficaz entre cliente e paciente.

Ao lidar com conflitos tanto em nossos relacionamentos pessoais quanto em nossas alianças profissionais, arriscamos perder algo importante quando cortamos contato com as pessoas. Quando você se encontrar em um cenário semelhante, em que seu instinto natural é fugir, organizar uma reunião ou uma conversa produtiva com a outra parte para chegar a um entendimento muitas vezes é o melhor caminho a seguir. Se você tem tendência a enxergar as coisas partindo de uma perspectiva desconfiada, pense dessa forma: mantendo os amigos por perto e os supostos inimigos mais perto ainda, é mais provável que você faça a diferença no seu ambiente. Ao se aproximar das pessoas, muitas vezes é mais provável que você conquiste resultados pacíficos.

Na sua vida (na minha também é assim), você entrará em impasses com pessoas de sua casa, do seu trabalho, na internet, na sua família e nos seus círculos sociais. Esclarecer como fazemos parte do problema e o que queremos fazer a respeito disso é o primeiro passo do Método SIM. Só então podemos decidir como seguir em frente no relacionamento.

Seja qual for o caso, lembre-se de que não pode alcançar o poder do SIM até ter assumido totalmente o seu papel no conflito em sua vida.

Hillary e Simone reconhecendo os papéis no conflito

Hillary e Simone eram amigas desde sempre. Elas sempre foram diferentes uma da outra, mas, ao longo dos anos, coreografaram uma dança que funcionava para elas em termos de dinâmica... até que não funcionou mais. O conflito de estilo e comunicação causou um rompimento na amizade. Se as duas tivessem feito uma pausa para avaliar como estavam criando ou aumentando o conflito, a amizade talvez tivesse a chance de não só sobreviver, mas de prosperar.

Exercício D.E.A.R

Quando somos ouvidos, nossa armadura de defesa emocional começa a se soltar. Esse desprendimento facilita a percepção do nosso próprio papel no conflito. Nas seções anteriores, nos aprofundamos em algumas maneiras comuns, porém involuntárias, de estarmos participando das dinâmicas problemáticas que temos em nossas vidas. Comece com esse exercício de introspecção para ajudá-lo a obter alguma transparência de forma independente. O exercício completo deve durar por volta de quinze minutos.

Para o exercício, você vai precisar de um lugar silencioso em que pode ficar só com os seus pensamentos, um pedaço de papel (ou caderno) e uma caneta. Na sua folha, desenhe uma tabela com quatro colunas.

Nomeie as colunas como Dinâmicas, Emoções, Ações/Reações, e Reavaliação na mesma ordem.

Depois, escolha um relacionamento com dinâmicas que não são satisfatórias para você. Para evitar que demore muito em cada coluna, indiquei um tempo exato para você completar cada parte.

Dinâmicas

Durante três minutos, escreva as dinâmicas que estão lhe incomodando. Concentre-se em descrever os aspectos do relacionamento com os quais não está satisfeito. Pode ser:

- As ações e palavras da outra pessoa.
- A maneira como fazem ou dizem alguma coisa.
- Uma discussão recorrente.
- Um padrão de comportamento ou hábito.

Pode ser qualquer coisa que a outra pessoa faça, diga ou provoque que irrite você.

Emoções

Durante mais três minutos, escreva como se sente em relação a isso. Dessa vez, lembre-se das emoções que são evocadas por cada dinâmica listada. Evite xingamentos, concentre-se nos seus sentimentos. Quando acabar, pare um minuto antes de ir para o próximo passo.

Ações/Reações

Durante os próximos três minutos, escreva suas ações e reações ao lidar com a dinâmica problemática. É aqui que você começa a realmente olhar para o seu interior: concentre-se no que *você* faz durante ou depois de enfrentar as dinâmicas que lhe aborrecem. Se está com dificuldade de lembrar, faça as seguintes perguntas:

- Você fica na defensiva?
- Sente agitação em seu corpo?
- Você olha para o celular enquanto a outra pessoa está falando?
- Você faz o conflito escalar com expressões faciais?
- Você refuta ou rejeita o ponto de vista da outra pessoa?
- Você tira conclusões precipitadas?
- Vocês traz à tona questões do passado que já foram resolvidas?
- Você fala de conflitos que não se relacionam?

- Você aumenta o tom de voz ou se torna agressivo, verbalmente ou fisicamente?
- Você responde com sarcasmo ou de forma que magoa?
- Você prepara a sua resposta em vez de ouvir a outra pessoa?

Quais são as dinâmicas que estão lhe incomodando? Anote. Escreva como você se sente em relação a elas (sem xingamentos, como na coluna das "Emoções"). Preste atenção em suas ações e reações quando estiver lidando com a dinâmica difícil.

Quando terminar, pare dois minutos para pensar no comportamento da outra pessoa durante essas interações. Você pode escrevê-las se desejar, mas a meta é lembrar e considerar como o *seu* comportamento afeta *os outros*.

Reavaliação

Durante os últimos três minutos, escreva maneiras alternativas que você acha que podem criar uma resposta positiva, neutra ou até menos negativa, alterando suas ações e reações ao lidar com a dinâmica complicada.

Pode ser grande ou pequena, como quiser. Lembre que tudo o que você listar não precisa ser necessariamente seu próximo plano de ação: a meta nessa parte é apenas explorar outras maneiras de agir que você talvez não tenha considerado, especialmente no calor do momento.

Se essa é a primeira vez que você está experimentando esse exercício, pode ser mais fácil escolher um relacionamento que não é muito pessoal: por exemplo, um colega de trabalho ou amigo que não é particularmente próximo. Às vezes, é mais difícil ser objetivo quando estamos investidos demais de maneira emocional na outra pessoa ou na situação,[v] então, praticar com um relacionamento do qual seja fácil se distanciar pode ser uma boa maneira de testar a água antes de mergulhar.

Esses exercícios são melhores executados quando você está calmo e contido, pois uma mente tranquila pode dar mais espaço para a objetividade enquanto você lembra e reavalia suas ações.[vi] No entanto, como vai aprender nos capítulos seguintes, você também pode retornar para esse exercício quando estiver se afastando de uma conversa agitada por um tempo.

Pense em maneiras alternativas que você pode criar uma resposta positiva, neutra ou até menos negativa, alterando suas ações e reações ao lidar com a dinâmica complicada.

E por último, embora pareça bobo, à medida que você assume o seu papel na dinâmica, sua criatividade fluirá e será possível obter melhores resultados.

CONCLUSÕES PRINCIPAIS

- Falar a verdade para você mesmo sobre como está contribuindo para o conflito, de maneira consciente ou inconsciente, é o primeiro passo para melhorar seus relacionamentos. Temos arbítrio não só para ajudar a resolver conflitos, mas também para não jogar lenha na fogueira e intencionalmente fazer as coisas piorarem.
- Você deve decidir o quanto cada relacionamento é importante para você além do presente momento carregado por conflitos. Nosso papel em um conflito mudará de maneira inevitável, dependendo se for com um estranho, um amigo, um parente ou um cônjuge. Entender a importância do relacionamento afeta as prioridades e metas de uma pessoa e é importante para superar o conflito de forma inteligente e habilidosa.

- Pergunte a si mesmo se você está remexendo em assuntos, fazendo suposições, se afastando desnecessariamente ou deixando de se comunicar de maneira gentil. Da perspectiva de outro indivíduo, você é "a pessoa complicada"?

CAPÍTULO DOIS
Controle seus hábitos

Nancy, uma mãe de dois filhos atraente e bem-sucedida, sempre se sentia deixada de fora dos planos sociais de outras pessoas. Ela podia contar o número de casamentos a que havia sido convidada e estava bem ciente de todos os eventos sociais em que seu nome não constava na lista de convidados. Simplesmente não entendia o que estava fazendo de errado. Em sua opinião, era uma boa anfitriã e havia feito grandes esforços ao longo dos anos para apresentar os amigos uns aos outros. Para aumentar a chateação, em mais de uma ocasião, os amigos que ela havia apresentado se deram tão bem que Nancy não foi convidada para alguns jantares, mas os recém-conhecidos foram. Uma vez, esses amigos chegaram a viajar juntos pelos Estados Unidos sem incluir Nancy nos planos. Não conseguia entender por que isso estava acontecendo. Nancy sentia que era uma boa amiga e que não merecia ser deixada de lado e não entendia o que estava fazendo de errado ou por que ninguém parecia valorizar sua amizade.

É possível que Nancy tenha tido azar ou escolhido mal os amigos, mas, como muitas dessas pessoas permaneceram próximas umas das outras ao longo dos anos, talvez tenha sido outra coisa. Essa situação triste de Nancy não se limitava à mesa de jantar, alcançava a vida profissional também. Ela era constantemente ignorada para promoções e poucas vezes era escolhida para fazer parte de algum comitê importante no escritório. Quando se tratava de dinâmicas interpessoais, Nancy sempre se sentia incompreendida e prejudicada.

A atitude, ou maneira de pensar em alguém ou algo, é um determinante primário sobre como pensamos, sentimos e agimos. À medida que somos expostos a estímulos ao longo do tempo, formamos opiniões, fazemos avaliações e desenvolvemos atitudes que informam os pensamentos habituais. As atitudes podem ser positivas, negativas ou neutras. O mundo oferece um retorno com base nas atitudes que expressamos. Por sua vez, as nossas atitudes e pensamentos impactam o nosso comportamento e como agimos. Verificar no que estamos pensando é tão importante quanto verificar como estamos agindo; isso se aplica a como nos enxergamos em relação a nós mesmos e aos outros.

Seja falando do modo que dialogamos com nós mesmos ou como interagimos com outros, seja se desligamos o telefone de maneira abrupta, fazemos exercícios ou seguimos a dieta, tudo é ditado pelo comportamento rotineiro automático. Quase 40% de todas as ações que fazemos em um dia são resultados de hábitos em vez de decisões bem pensadas.[i] Para mudar qualquer um dos hábitos, é preciso um esforço consciente e contínuo ao longo do tempo. Com a força de vontade, ou neuroplasticidade autônoma, a mudança é possível. Muito do que fazemos acontece simplesmente por conta de prática contínua.

Como Nancy achava que estava destinada a ser tratada como "inferior", era normal que ela transmitisse um ar ou atitude de insegurança e fraqueza. Enquanto ela mantivesse essa postura, nada mudaria. O incrível sobre a história de Nancy é que, na meia-idade, decidiu que já havia passado tempo o suficiente com inseguranças. Começou a mudar de atitude em relação a si mesma e a sua vida. Trabalhando com um coach, desenvolveu o hábito de dizer a si mesma que era boa o bastante e merecedora de respeito, amor e até mesmo adoração. Mesmo que parecesse falso no começo, esperava mais do mundo ao redor dela. Nancy começou a se comunicar com uma energia mais forte e confiante. Aos quarenta anos, retomou a conexão com velhos amigos e a fazer novas amizades com colegas de trabalho ainda desconhecidos. Começou a sentir-se melhor consigo mesma. Dentro de um ano, alguns dos velhos amigos que a haviam afastado a convidavam para se juntar a eles em algumas de suas viagens. Nancy também começou a ter mais sucesso no trabalho, rodeada por colegas que demonstravam o mesmo respeito que sua nova atitude exigia.

Nancy passou a aposentadoria rodeada por pessoas que amava. Ao mudar os pensamentos ou atitudes habituais sobre como queria ser tratada, Nancy se sentiu menos conflitante e passou a ter mais sucesso social e profissional. Quando ela mudou sua visão sobre o relacionamento que mantinha com o mundo à sua volta, sua vida começou a melhorar. Pequenas mudanças podem criar resultados enormes à nossa volta. Repita-as até se tornarem regra.

Recalibre seu pensamento para reduzir conflitos

No capítulo anterior, vimos como esclarecer o nosso papel nas interações (positivas e negativas; conscientes e inconscientes), assim como nossas metas de relacionamento. Para começar a mudar os pensamentos, as palavras e os comportamentos, você deve adotar a mudança de paradigma em como enxerga e interage com o mundo e, por sua vez, como o mundo enxerga e interage com você. Um amigo que estudou comigo na faculdade de direito costumava me dizer para "relaxar o meu cérebro" quando eu estava pensando de forma rígida. Embora mais de duas décadas tenham passado desde que estudamos juntos, muitas vezes penso nessa frase quando eu ou alguém com quem estou em desacordo precisa de uma dose de flexibilidade. Com um pouco de atenção plena, podemos recalibrar os pensamentos.

Cada vez que repetimos um comportamento ou um padrão de pensamento em resposta a um determinado estímulo emocional, estamos reforçando a associação entre a circunstância e nossas ações ou pensamentos. Para criar uma grande mudança realmente duradoura, devemos fazer várias pequenas mudanças em nosso comportamento cotidiano. O comportamento é a soma de todos os hábitos, conscientes e inconscientes.

Os hábitos são muito mais profundos do que pensamos. Eles vão muito além de arrumar a cama, escovar os dentes e lavar as mãos. Quando você pensa nos seus hábitos "ruins", provavelmente se lembra de algo concreto, como se esquecer de desligar as luzes, não limpar sua bagunça ou encher a máquina de lavar louças do jeito "errado" de acordo com seu cônjuge. Porém, os hábitos também se estendem aos pensamentos, especialmente na forma de perceber e interpretar o mundo ao redor. Especialistas descobriram que esses hábitos perceptivos estão tão profundamente enraizados em nós que determinam a estrutura dos nossos dias e como processamos o mundo à nossa volta.[ii] Assim como qualquer outro hábito, esses comportamentos automáticos podem nos ajudar ou prejudicar. Embora não possamos mudar o nosso temperamento natural por completo, temos o poder de modificar os hábitos que desenvolvemos com o tempo.

Mude seu pensamento em três passos

Primeiro passo: observe seus pensamentos e ações.

Segundo passo: pense nas consequências ou metas de relacionamento.

Terceiro passo: se desejar, ajuste os seus pensamentos ou ações.

Para mudar os hábitos de maneira rápida e duradoura, precisamos ajustar os nossos padrões habituais de comportamento e pensamento. Falamos sobre os dois primeiros passos no capítulo um.

Você vai lembrar que o Primeiro Passo enfatiza a importância de estar ciente dos seus pensamentos e ações. Lembre-se de que é apenas quando reconhecemos e assumimos a responsabilidade pela nossa parte no conflito (não importa se é interno ou externo) que podemos decidir se nos importamos com um resultado diferente. Quando você sentir que está preso ao conflito, pergunte-se qual é a sua parte nele.

O Segundo Passo exige que você decida se está feliz com as consequências dos seus pensamentos e ações. A forma como está pensando ou agindo contribui para a sua sensação de calma ou paz interior? Está permitindo que você alcance as metas de relacionamento que tem em uma situação específica? Está alinhada com os seus valores fundamentais? Se sim, então não precisa mudar nada. Porém, se perceber que partes da sua vida não estão alinhadas por conta de seus pensamentos ou ações, pode ser a hora de substituí-los por algo que combine com o resultado que procura alcançar.

O Terceiro Passo é o que será abordado neste capítulo. Ele pede para substituir o pensamento ou comportamento que não contribui com algo mais positivo, com o objetivo de desenvolver novos caminhos e hábitos que contribuam com as metas de uma maneira positiva. Por exemplo, se você rói unhas, uma maneira de mudar esse hábito é fazendo algo diferente com as suas mãos, como entrelaçar os dedos no momento em que o impulso de roer as unhas aparecer. De modo semelhante, se você deseja mudar seus padrões de pensamento habituais, precisa de algo novo para substituir os antigos.

Embora você possa *querer* mudar as ações e hábitos das pessoas à sua volta, tudo o que pode fazer é alterar a sua reação. O objetivo é mudar a sua dinâmica, literalmente reestruturando seus pensamentos, suas palavras e seus comportamentos em resposta ao comportamento irritante da outra pessoa. Por exemplo, quando o seu marido distraidamente enche o tanque com óleo diesel, fazendo com que seu carro seja rebocado e você tenha que gastar centenas de dólares, em vez de se revoltar, procure se sentar em silêncio e pensar em como ele deve se sentir por cometer um erro tão idiota. Se o seu colega de trabalho fala por cima de você durante uma reunião empresarial pela enésima vez, em vez de se revoltar, pense em como pode ser mais assertivo na sala de reuniões, e assim por diante. Lembre-se, sua tarefa é mudar sua reação, não o comportamento dos outros. Mas se você for esperto, pode conseguir as duas coisas.

Pode ser especialmente difícil fazer mudanças nos relacionamentos quando não entendemos como os hábitos estão impactando os resultados. É o caso mesmo quando já estamos nos relacionando bem. Quando brigamos com outra pessoa, note que os hábitos — grandes e pequenos — se tornam muito mais desafiadores. O conflito atiça a insegurança e o ruído na sua mente que pode turvar o seu julgamento e causar a entrada em buracos emocionais que só pioram a discórdia. Para não ser arrastado para o furacão caótico e repleto de conflitos há um antídoto: aquietar a mente.

A prática se torna permanente

Como fazemos as coisas no dia a dia é importante. Eu tento transmitir esse conhecimento aos meus filhos adolescentes. A prática realmente se torna permanente. A repetição é a base de todos os hábitos, bons e ruins. Quanto mais fizermos algo de certo modo, mais fácil e automático se tornará. A prática nos torna melhor na execução, especialmente quando é feita com regularidade. *Como* praticamos ou executamos algo é importante. Estamos treinando o cérebro para processar como fazer as coisas de um modo específico.

Quanto mais fizermos as coisas do jeito errado, mais confortável esse comportamento se tornará. Uma vez, armei um encontro para um casal de amigos na cidade de Nova York. John é um cara hilário. Ele é médico formado em uma faculdade da Ivy League e filho de pessoas com carreira estabelecida. Caitlin, minha amiga, era bancária. Eles se encontraram em um bistrô chique em Manhattan. Depois do encontro, recebi o depoimento dos dois. Embora não tenha havido conexão amorosa, John contou que gostou do tempo que passou com Caitlin. A primeira impressão de Caitlin foi que John era legal, mas ela comentou comigo que, depois de terminar a refeição, ele pegou o prato e lambeu. Eu não acreditei no que ouvi. Depois, quando falei com John, o repreendi pela falta de modos à mesa e ele surpreendentemente começou a rir, dizendo que a mãe sempre o repreendeu por esse mesmo comportamento. Ele ficou chocado que fez isso em público. Depois de muitos anos pegando os restos da comida no prato com a língua em casa como se fosse algo comum, meu amigo fez a mesma coisa em um restaurante chique. O comportamento foi tão automático que ele nem se lembrava de ter feito isso. Velhos hábitos custam a mudar.

O mesmo acontece em nossos relacionamentos interpessoais. Se você está com problemas no trabalho por não cumprir os prazos, identifique um comportamento que esteja interferindo no cumprimento desses prazos. Em vez de esperar melhores resultados da próxima vez, escolha algo pequeno que possa ser feito e faça todos os dias. Por exemplo, se perceber que está entrando em discussões sem sentido com um colega de trabalho querido por conta de política, evite ter essas conversas e, em vez disso, envolva-se em algo menos polêmico. Ao invés de ficarem com raiva e irritados um com o outro, vocês podem encontrar um amor comum por cozinha ou esportes. Discipline-se para sair dos ciclos de discussões sem sentido. E faça um esforço para falar de algo agradável. Faça isso todos os dias. Com o tempo, seu impulso para se envolver nesse debate disfuncional diminui.

Quietude interior

A quietude interior é um estado mental em que seus pensamentos param de chamar ou cooptar sua atenção.[iii] É um estado interno de força, paz e calma. Essa desaceleração de pensamentos ou atividades inquietantes pode criar um espaço para transformar a discórdia em harmonia. O segredo para a quietude interior quando você está sendo provocado é notar como se sente naquele momento de aborrecimento. Somente por meio da quietude interior podemos realmente focar os problemas importantes e abordar o conflito de modo sensível. O ato de notar exige que se esteja ciente do que está acontecendo no seu corpo e, depois, desacelerar. Entendo o quanto isso pode parecer uma meta bem ambiciosa, mas é algo que todos nós podemos fazer — e pode ser um divisor de águas para nos ajudar a notar quando estamos prestes a errar nas nossas reações. Um jeito bom e acessível de acalmar a mente é simplesmente encontrar um lugar para se sentar e respirar, com os olhos suavemente fechados, inspirar e expirar profundamente por dez vezes enquanto recita uma simples afirmação positiva e calma.

Quando me sinto reativa, encontro um lugar para me sentar um pouco, fecho os olhos e respiro fundo enquanto repito para mim mesma a cada respiração: "Estou perfeitamente calma." Eu sei que, embora esse exercício possa não lhe transformar em uma pessoa completamente diferente, o simples exercício de desligar o caos do momento e substituí-lo com uma declaração fácil e positiva pode fazer toda a diferença na sua habilidade de aquietar sua mente e começar a notar o que está acontecendo de vários ângulos. Ao longo deste livro, apresentarei uma variedade de técnicas de meditação. A meditação é muito útil na gestão de conflitos. Se essa técnica não estiver funcionando para você, talvez alguma das outras funcione.

Se "estou perfeitamente calmo" não funciona para você, encontre uma declaração que seja mais adequada à maneira como fala consigo mesmo. Embora esse processo não mude sua personalidade básica ou sua resposta ao que quer que esteja acontecendo ao seu redor, fornecerá o espaço mental para fazer escolhas melhores e para responder conscientemente. Quando você silencia sua mente, cria a oportunidade para melhores resultados e maior compreensão.

Calmaria externa

Todos temos sensibilidades diferentes e nosso santo nem sempre vai bater com o de outra pessoa. Para se relacionar melhor com os outros, não é essencial mudar completamente a sua maneira de pensar. Podemos gostar das nossas atitudes e não ter vontade de mudar nossa perspectiva global sobre nada. É possível ser claro sobre suas perspectivas e seus pensamentos, mesmo de forma rígida, e ainda assim mudar a forma como se comunica, só um pouquinho. Uma pequena mudança em seus hábitos comunicativos pode fazer toda a diferença nos relacionamentos.

Cal se considera um liberal com tendências socialistas. Ele tem trinta e seis anos e é profissional. Greg, seu irmão mais velho, discorda completamente de todas as atitudes de Cal sobre tudo o que é político, tanto do lado social quanto do lado econômico. Os irmãos têm três anos de diferença e foram criados juntos por uma mãe solo. Cal sempre admirou Greg quando criança e, embora sejam pessoas muito diferentes, eles sempre tiveram um vínculo muito forte.

A família de Greg visitava a de Cal várias vezes no ano para longos fins de semana em família. Cal e a família ficavam ansiosos para as visitas, mas quando a família de Greg chegava, a de Cal mal podia esperar para que fossem embora. Como irmão mais velho de Cal, Greg sentia que era sua responsabilidade mostrar para o irmão onde ele estava errando em sua maneira de pensar. Na presença dos filhos de Cal, Greg envolvia o irmão em debates políticos desconfortáveis. Quando aquele ficava irredutível em sua posição, Greg insistia e até começava a xingar. Embora Cal estivesse acostumado com o estilo do irmão, era uma dinâmica bastante desconfortável para todos os outros à mesa. Greg parecia completamente alheio ao desconforto que estava causando, embora Stephanie, sua esposa, e Cal tivessem pedido para que ele parasse de discutir. Por fim, os convites para jantares diminuíram e, quando chegavam, esperava-se que a família de Greg ficasse em um hotel, e não na casa de Cal.

Isso deixou Greg confuso e magoado. Ele não entendia o que havia acontecido de errado. Greg tivera o hábito de ditar o que o irmão deveria pensar durante a vida toda... Porém, dessa vez, teve que pensar no que precisava fazer para manter o irmão em sua vida.

Depois de pensar, Greg percebeu que não precisava mudar nenhuma de suas atitudes políticas para ter um bom relacionamento com Cal. O que precisava mudar era sua percepção do que era bom tópico para conversar durante o jantar. Ele precisava parar de uma vez por todas com os debates políticos públicos que ninguém queria ouvir. Limitar o conteúdo mudou a conversa e descontraiu o ambiente.

Essa crise familiar abriu a conversa entre Greg e Stephanie, e ela expressou que também não gostava das conversas polêmicas no jantar. Embora Greg se sentisse triste e magoado por sua esposa e seu irmão, também sabia que esses dois relacionamentos eram muito importantes para ele. Greg fez uma lista de outros temas que podia discutir no jantar e praticava todos os dias em casa. Ele também ligou para Cal e se desculpou por causar tanto desconforto. Na próxima vez que todos se reuniram, a conversa durante o jantar foi muito mais agradável e isso resultou em uma visita de maior qualidade para todos. Uma pequena mudança específica praticada com o tempo pode fazer toda a diferença.

O poder da vontade (e da falta dela!)

Depois de um ano com a academia fechada durante a quarentena, Cici estava se sentindo fora de forma. Ela sempre dependeu de aulas de exercício físico para se manter ativa. Agora que não tinha mais essa opção, decidiu se comprometer com uma rotina diária de caminhada. Apenas duas caminhadas de meia hora diariamente fizeram toda a diferença em como ela estava se sentindo. Começar foi difícil, mas ao fazer todos os dias, estabeleceu um hábito — e depois de muitas semanas, mal conseguia tolerar quando algo impedia sua caminhada de 5km. A força de vontade de Cici para sustentar sua atividade física permitiu que desenvolvesse um novo hábito que mudou seu comportamento para combinar com a meta que ela tinha em mente.

Há um outro tipo de poder que não é tão discutido, mas tão importante quanto a força de vontade, e é o poder da "falta dela". Em vez de se comprometer a realizar um comportamento específico, você pode decidir evitar fazer algo.

Vamos relembrar a história de Cal e Greg da seção anterior. Greg resistiu por muito tempo a mudar o hábito de trazer conversas polêmicas à tona na hora do jantar ao dizer para si mesmo (e para os outros): "É o meu jeito de ser." Porém, na verdade, discutir à mesa de jantar é um comportamento mutável. Mudar esse hábito não exigia que mudasse suas visões políticas ou sua personalidade; simplesmente exigia que ele mudasse de atitude sobre o que conversar na hora do jantar. Nesse caso, Greg está exercendo a consequência da força de vontade: *o poder do não fazer* — abster-se de um comportamento ou substituir o que não está nos servindo. Podemos simplesmente determinar se faremos ou não alguma coisa em resposta a uma provocação específica. Ao nos lembrar das reações que determinamos se teremos ou não, podemos nos comprometer a fazer uma simples mudança cada vez que encontrarmos um momento de provocação.

Vale a pena notar que Greg não decidiu apenas não falar de política: fez uma lista de assuntos alternativos como parte do plano de se relacionar melhor. Às vezes, é mais fácil substituir um comportamento positivo do que parar um negativo. Vem à mente o exemplo da pessoa que tenta não pensar no elefante na sala e, portanto, não consegue pensar em nada além do elefante.

Pode ser desafiador assumir novas formas de ser, especialmente quando um hábito está bastante enraizado desde a infância. Por exemplo, talvez você tenha crescido em um lar em que insultos eram frequentes e súbitos. E talvez tenha o mau hábito de dizer aos seus filhos que eles "correm como meninas" ou perceba que, quando está irritado com alguém, usa um xingamento capacitista para se referir a eles automaticamente. Você sabe que não deveria dizer essas coisas, mas durante toda a sua vida desenvolveu esse mau hábito, manteve essas expressões casualmente como parte do seu vocabulário cotidiano. Quando é chamado atenção, pode se sentir na defensiva e reclamar: "Não pode mais falar nada hoje em dia." Se não se importa de cortar conversas e afastar as pessoas, na melhor das hipóteses, e de, na pior, ser demitido ou perder o respeito de pessoas queridas, então continue usando a linguagem desleixada e ofensiva. Mas se deixar escapar insultos e xingamentos realmente não é compatível com os seus valores fundamentais, em vez de manter essas declarações ofensivas que "não significam nada", talvez seja hora de mudar. Um velho cão às vezes pode aprender novos truques. Adote o poder do "não fazer" e encontre maneiras menos ofensivas e mais discretas de expressar frustração com uma pessoa ou situação.

Em vez de dizer algo depreciativo quando está frustrado, pense em incorporar um sorriso reservado ou até mesmo uma omissão consciente. A sua escolha de não falar nada também é uma ação forte que diz muito, especialmente para um público que está acostumado a ficar frustrado com sua maneira grosseira típica de se comunicar.

Uma pequena mudança

Tendemos a voltar para velhos hábitos porque eles estão muito enraizados no subconsciente. Podemos sentir como se estivéssemos literalmente combatendo a inércia quando aceitamos algo novo. E, por isso, os pequenos passos são importantes — observar, avaliar e recalibrar seus hábitos, um por vez. Ao inserir repetitivamente uma pequena mudança de hábito em cada uma das áreas da sua vida que está lhe conflitando, você desenvolverá novos hábitos que podem transformar como se sente e como interage com outros. Quando notar como seus hábitos comportamentais reflexivos estão impactando seu bem-estar, pode seguir em frente com novas formas de ser.

Por exemplo, vamos observar o que acontece sempre que se depara com algo indesejável que seu cônjuge ou parceiro faz, como deixar o assento do vaso sanitário levantado ou se esquecer de trancar a porta da frente. Você pode ter o hábito de dizer a si mesmo como eles são insensíveis ou imprudentes sempre que fazem tais coisas. Na verdade, pode ser que eles estejam apenas alheios ou distraídos, então talvez uma leve frustração seja uma resposta mais justificada do que um escândalo. Reconhecer ou notar suas maneiras habituais de pensar no conflito pode ser um divisor de águas na recalibração dos relacionamentos e na redução dos conflitos. Quando você notar o seu hábito de pensar, desbloqueará a habilidade de mudar suas maneiras habituais de comunicação. É possível evitar conflitos futuros se comportando como se a ação irritante (ou omissão) fosse um acidente, mesmo que não tenha sido.

A boa notícia é que podemos mudar os hábitos e impactar os relacionamentos de maneira positiva com pequenas mudanças nos comportamentos e pensamentos. Mudando ações, respostas e reações, impactamos as pessoas e o ambiente ao redor. O primeiro passo é notar seus próprios pensamentos e comportamentos em resposta a uma situação. Quando você observa um hábito que não está lhe servindo, pode mudá-lo. Hábitos são pensamentos e comportamentos automáticos que crescem com o tempo. E eles são difíceis (mas não impossíveis) de mudar.

Quando se reconhece os hábitos inúteis, é possível ter o poder de mudá-los ao imaginar como responder de forma ideal a uma situação e, depois, implementar uma pequena mudança por vez. Por exemplo, como demonstrado anteriormente, se você se encontra em um ciclo de irritação com seu cônjuge, pode melhorar o relacionamento abordando um elemento do ciclo habitual de cada vez. Faça isso (1) reconhecendo o hábito reativo que não está sendo útil (como sentir raiva e atacar o seu marido da próxima vez em que o vir); (2) declarando a sua reação pretendida (tranquila ou sem reação); e (3) recalibrando sua resposta. Por exemplo, em vez de explodir e retaliar com algum comportamento punitivo, simplesmente compare a sua reação emocional ao comportamento com a relativa importância da transgressão específica.

Para isso, será necessário se envolver primeiro com a quietude interior. Depois, mude o seu hábito de pensar sobre o comportamento. E, por último, altere a sua reação comportamental. Se seu objetivo é ter melhores relacionamentos, reformule a sua perspectiva. Em vez de permitir que a sua reação emocional inicie uma discussão, talvez você possa se libertar do apego ao comportamento que está buscando — mude o seu hábito de pensar. Ou, talvez, encontre uma maneira mais gentil de discutir o resultado desejável ao concordar em mexer em uma conduta que irrite outras pessoas — mude o seu hábito de comunicação ou comportamento. Ele abaixa o assento do vaso sanitário; você desliga as luzes quando sai de um cômodo. Você apaga as luzes por várias semanas, depois lembra gentilmente para ele abaixar o assento do vaso sanitário. Ou então faça os dois porque talvez decida que não vale a pena discutir. Problema resolvido. O propósito desse exercício é ilustrar que também é possível parar e criar com calma uma lista de alternativas que melhor se adequam à sua situação.

A noção de mudar um comportamento enraizado pode soar impossível, mas os passos neste capítulo tornarão isso viável. O principal a ser lembrado é dar pequenos passos. Grandes transformações acontecem em pequenos pedaços de cada vez e, antes que essa mudança possa ser observada no exterior, uma grande parte do trabalho deve ser feita no interior. A mudança interna é de extrema importância. Lembre-se, ajustar os seus hábitos consiste em mudar suas reações, e não controlar o comportamento de outra pessoa.

O poder da especificidade

Antes de mudar de assunto, preciso ressaltar que, para que os hábitos sejam duradouros, precisamos nomear o novo objetivo com especificidade. É improvável que palavras vagas de intenção resultem em qualquer realização concreta de um objetivo.

Por exemplo, durante anos venho notando que é mais difícil conseguir vaga de estacionamento na academia em janeiro do que em qualquer outra época. A culpada é sempre a popular resolução de ano novo de "perder peso" ou "ficar em forma". Minha irritação momentânea com todos os novos frequentadores de academia é reprimida pelo conhecimento de que a facilidade para estacionar está a apenas algumas semanas de distância. Isso porque cerca de 80% das resoluções de ano novo fracassam.[iv] O problema com elas é que, muitas vezes, exigem uma mudança comportamental grande e abrangente sem estabelecer a infraestrutura necessária. Decidir "perder peso" ou "ficar em forma" requer mais coragem do que a maioria de nós pode invocar de uma só vez — e não é um objetivo muito bem definido. O que realmente estamos pedindo é por uma mudança total na consciência interior — da noite pro dia.

Embora as resoluções de ano novo possam durar por algumas semanas, é pouco provável que durem pelo resto do ano. Isso porque é quase impossível fazer esforços tão grandes além da zona de conforto habitual durante um período prolongado. Em pouco tempo, a maioria dos carros estará de volta em suas lindas garagens toda manhã... e a vaga de estacionamento para o meu carro e o espaço para o meu tapete de ioga será novamente fácil.

Quando as resoluções de ano novo são desejos generalizados para se tornar uma pessoa diferente (mais feliz, mais saudável, mais forte, mais rico), o fracasso é inevitável. Quando você não articula uma intenção específica, o resultado tende a ser mais baseado no acaso. E, embora a ausência de um objetivo específico possa permitir que você sinta que manteve sua resolução com mais facilidade, qualquer que seja o resultado provavelmente será menos satisfatório.[v] A clareza quanto ao que se deseja fazer de forma diferente ou alcançar permite que execute os seus objetivos. Quando estabelecemos padrões ambíguos, nos colocamos no caminho certo para não conquistar nada específico. Sem uma marcação clara, qualquer tentativa nossa de chute a gol provavelmente vai bater na trave e voltar. Quando pedimos a nós mesmos para fazer uma mudança específica, o compromisso para fazer essa mudança é mais fácil de manter. Com o tempo, não estamos mais pensando sobre essa mudança comportamental específica concreta como uma tarefa ou obrigação, mesmo que tenha sido no começo. Se torna algo automático ou um hábito.

O truque é fazer a resolução ser específica e clara. Em vez de criar a mudança global de "perder peso" ou "se exercitar regularmente", prometa algo mais específico para você mesmo. Por exemplo, as resoluções "não comer sobremesas mais do que duas vezes por semana" ou "caminhar pelo menos meia hora por dia" são mais prováveis de criar uma mudança comportamental duradoura. A diferença é que você não está pedindo para abandonar completamente a sua identidade. Em vez disso, está assumindo uma mudança claramente articulada por vez. Quando esse novo comportamento estiver integrado em seus hábitos, é possível adicionar um segundo objetivo pequeno, depois um terceiro, e assim por diante. Com o tempo, a visão global de "ser saudável" será alcançada.

Durante minha vida profissional, passei muitos anos discutindo comigo mesma sobre como administrar melhor a minha clínica de mediação. Eu sabia que seria muito mais eficaz se eu contratasse uma equipe para completar muitas das minhas tarefas. Porém, quando pensava em contratar e treinar uma equipe (a meta inespecífica de "ser gerente"), me sentia sobrecarregada, então não fiz nada por um bom tempo. Um dia, percebi que essa equipe não precisava surgir de uma vez. Eu podia começar a construí-la contratando um funcionário de meio período.

Esse voto de confiança foi assustador no começo, mas foi o melhor dinheiro que já gastei. No início, questionei minha capacidade de delegar com eficiência ou de confiar em outra pessoa para fazer as tarefas por mim depois de tantos anos dando conta de tudo sozinha.

Porém, em tempo recorde, fui de contratar um assistente de meio período para construir uma equipe pequena e confiável para tirar as tarefas das minhas costas e levar o meu empreendimento para outro nível. Essa experiência ajudou a provar para mim mesma que, ao implementar mudanças específicas em nossas respostas a certas provocações, temos a capacidade de acalmar o conflito e mudar como nos sentimos de maneira poderosa.

Hillary e Simone

Vamos relembrar a história de Hillary, Simone e o salão delas. Hillary sabia que gostava de agradar as pessoas. Porém, nunca havia considerado isso no nível micro, o que significava que ela tinha o hábito de concordar com os outros por reflexo, mesmo quando não queria dizer o que estava dizendo. Ela estava tão preocupada em agradar as pessoas no momento que não considerou o impacto duradouro que isso teria no relacionamento com Simone e em como se sentia em conjunto ao mundo ao seu redor. Hillary reconheceu, ainda que com dificuldade, que a necessidade constante de agradar a deixava em uma posição abaixo nos relacionamentos com outros. Se ela tivesse percebido que tinha esse hábito, poderia ter sido clara com Simone e aquele relacionamento poderia ter sido mais honesto e, possivelmente, durado mais. Além disso, mais para frente, como um pequeno passo, Hillary poderia ter se comprometido com um novo padrão de comportamento em que substituiria por "vou pensar sobre isso" ou por "não tenho certeza se vai funcionar para mim" toda vez que sentisse necessidade de dizer "sim" mesmo quando não tinha muita vontade.

Esse conceito de fazer uma pequena mudança aplica-se tanto para nossos relacionamentos com outras pessoas quanto com nós mesmos. Alguns conflitos são completamente internos. Debatemos com nós mesmos sobre como a vida pode ser melhor, mais calma ou mais animada. Nos criticamos por cada fracasso aparente. Nos questionamos a cada passo. Outros conflitos podem ser instigados por outras pessoas e, mesmo assim, sempre temos a capacidade de moldar as dinâmicas para que elas sejam menos conflituosas. O truque é construir novas maneiras de pensar e responder a todos os incentivos que aparecem no seu caminho. Quando você reconhecer como está contribuindo com um conflito na sua vida, pode, então, silenciar ou acalmar sua reatividade emocional interior para que consiga dar os passos necessários para uma mudança de hábitos duradoura.

Juntando tudo

Mudar os hábitos e atitudes em relacionamentos interpessoais é, muitas vezes, complicado e com muitas camadas. Se a sua situação parece sobrecarregada, dê a si mesmo permissão para lidar com uma parte de cada vez.

Mitch e eu costumávamos discutir bastante sobre a minha insistência para que nossos filhos estudassem instrumentos musicais. Quando meu filho mais velho começou a estudar violino, meu marido não entendia por que praticar todos os dias era importante. Ele achava que o ritual era uma imposição na nossa vida já ocupada demais. Isso causava um conflito constante e desagradável .

Para piorar, durante meses, talvez até mesmo um ano, além de chiar as variações de "Brilha, Brilha, Estrelinha", tudo o que praticávamos todos os dias era a posição do dedo mindinho e do polegar do meu filho. Outro professor de violino talvez permitisse que ele arranhasse umas notas sem primeiro estabelecer a posição da mão, mas não Emily. Ela era conhecida por ser a melhor professora, sem dúvidas. E era muito exigente e implacável quanto às suas expectativas para seus alunos. Para começar, se concentrava em construir um hábito duradouro ou uma rotina que duraria por anos.

Eu queria que ela relaxasse um pouco e ensinasse mais músicas e queria que meu marido assumisse metade do tempo dos exercícios. No entanto, ele não queria participar. Fiquei tão frustrada com a situação toda que comecei a pensar nas piores coisas. Porém, percebi: eu não iria mudar Emily ou Mitch.

Em vez disso, decidi mudar minha atitude tanto com as exigências da professora quanto com a relutância do meu marido em se envolver nas práticas de violino do nosso filho. Para mudar de atitude, precisei criar novos hábitos. Primeiro, precisei sair da minha rotina de perguntar ou esperar que Mitch me ajudasse com essa atividade. Toda vez que eu tinha o impulso de pedir por ajuda, substituía meu hábito de me sentir frustrada ou com raiva de Mitch pela afirmação: "Fico muito satisfeita em ver meu filho desenvolver concentração e habilidade musical." Mitch e eu paramos de brigar sobre os exercícios e ambos começamos a aproveitar os concertos.

Em seguida, precisava parar de desejar que Emily ensinasse as músicas mais rápido. Ela estava ensinando meu filho o valor de praticar um pequeno hábito para criar uma mudança que, no fim, o capacitaria para ser um músico mais experiente. Emily sabia o que estava fazendo e eu estava deixando a minha impaciência ganhar. O meu desejo de avançar mais rápido era problema meu. Usava a mesma afirmação ("Eu confio no processo de Emily") toda vez que tinha o impulso de rejeitar qualquer um dos requisitos de exercício da professora. Durante anos, meu filho e eu praticamos juntos pequenos detalhes técnicos exigidos pela professora e, como resultado, ele conseguiu aprender rapidamente músicas mais desafiadoras depois. Por meio da atenção de Emily com pequenas mudanças com o tempo, aprendi a lição poderosa de que pequenas mudanças constroem outras. Ela estava criando a base.

Prosperamos da mesma forma quando, em vez de dizer "não vou mais discutir com o meu ex", dizemos "não vou contradizer meu ex quando ele disser x, y ou z (coisa de importância mínima que eu costumo implicar)." Quando deixamos a parte negativa da dinâmica, é mais fácil começar a desenvolver um movimento positivo.

A atenção repetitiva a esse pequeno detalhe de me envolver voluntariamente em uma conversa afirmativa comigo mesma foi essencial para o sucesso posterior do meu filho. Uma pequena mudança. Uma troca de atitude. A prática se torna permanente.

Exercício de escrita: Juntando tudo

1. Pense na dinâmica do relacionamento que você deseja melhorar e identifique o hábito ou comportamento "ruim" que deseja melhorar. (Volte aos exercícios anteriores e escolha um.)
2. Primeiro, escreva o que provoca o seu hábito "ruim". ("Quando não sou escolhido para uma promoção no trabalho, me sinto como uma vítima.")
3. Depois, escreva como você reage à provocação. Esse é o comportamento que quer mudar. ("Quando isso acontece, eu me afasto e me envolvo em uma conversa extensa e negativa comigo mesmo.")
4. Agora é o momento de recalibrar como você quer mudar. Por sua vez, escreva como gostaria de responder ou se comportar. ("Em vez de entrar em negatividade, vou me lembrar pacientemente das coisas em que me destaco e vou me envolver em atividades que elevam minha sensação de valor próprio.")

CONCLUSÕES PRINCIPAIS

- O nosso papel em cada conflito é informado pelos hábitos — de atitude, pensamentos e comportamentos. Isso resulta em ações inconscientes (ou omissões) que alimentam o conflito.
- Esclarecer os hábitos pode melhorar muito um relacionamento. Apenas ao notar os pensamentos, ações e reações habituais podemos melhorar a autoconsciência e criar espaço para hábitos alternativos. À medida que começamos a mudar os hábitos inúteis, reduzimos ativamente o conflito em nossas vidas.

- Envolver-se com técnicas como a quietude interna e a calmaria externa ajudará você a monitorar as provocações e observar suas reações. Você pode recalibrar o seu pensamento habitual em três passos simples:
    - Observe seus pensamentos e ações.
    - Pense nas consequências ou metas de relacionamento.
    - Se desejar, ajuste seus pensamentos e ações.
- Explorar o poder da sua força ou falta de vontade pode ajudá-lo a mudar os padrões de pensamento ou comportamento, uma mudança pequena e consciente por vez. Ajustar os seus pensamentos e ações pode levar tempo, então seja paciente com você mesmo e lembre-se de que a prática se torna permanente.

PARTE II
A história emocional

Agora que você entende como pode estar contribuindo com o conflito, como definir as suas metas de relacionamento e já começou a dar os primeiros passos para mudar seus hábitos mentais, poderá aproveitar essa nova atenção plena para ouvir o que está realmente acontecendo ao seu redor durante o conflito. Para saber como está contribuindo efetivamente com qualquer dinâmica negativa — e para estar ciente e entender quais hábitos podem estar formando e criando o conflito —, é preciso aprender a escutar além do ruído e se concentrar em ouvir o que está realmente acontecendo além do óbvio de qualquer situação em que se encontra.

Nesta seção, ensinarei como entrar em uma escuta mais ativa para abrir um espaço neutro em sua mente e começar a distinguir interesses de posições. Aproveitando os hábitos aprendidos na Parte I, você começará a cultivar novos hábitos de escuta — ouvindo tanto os seus próprios interesses quanto os da outra pessoa.

CAPÍTULO TRÊS
A neutralidade é o portal para a possibilidade

Quando meus filhos eram pequenos, estavam em constante movimento. Passei anos extremamente exausta, impedindo que corressem para o meio do trânsito ou machucassem sem querer um ao outro durante as muitas brincadeiras idiotas. Mitch viajava a trabalho na maior parte do tempo e, enquanto estava fora, a fantasia de ter uma ajuda com as crianças era intoxicante. Imaginava que ele apareceria, aliviaria minha sensação constante de responsabilidade e eu teria uma folga. Porém, na realidade, não era mais fácil quando ele estava em casa. Mitch estava cansado da viagem e precisava de tempo para se reorganizar. Em vez de me ajudar com calma como eu imaginava, meu marido atendia aos meus pedidos com mais lentidão do que o esperado e, quando ele estava com os meninos, eu muitas vezes discordava dos seus cuidados paternais.

Embora tenha sonhado com uma pequena folga da responsabilidade constante de ser mãe, o que recebi foi mais confusão e a advertência de que eu precisava ser mais responsável ainda. Estávamos em completo desacordo. Nossas interações não só agitavam mais as crianças como também criavam e ampliavam as camadas do nosso conflitos. Nós dois estávamos tentando ao máximo levar as crianças do ponto A para o ponto B, mas também estávamos acusando um ao outro enquanto sentíamos que estávamos fracassando miseravelmente na tarefa de controlar nossos meninos indomáveis.

Conseguimos superar essa dinâmica quando começamos a enxergar o ponto de vista um do outro. Mitch estava reativo porque se sentia ansioso e um pouco envergonhado pelo mau comportamento dos nossos filhos. Eu me sentia frustrada com o que parecia ser um ataque injustificável do pai que não estava presente na maior parte do tempo. Estava reativa por conta da minha própria atitude defensiva e insegurança de que talvez eu não estivesse fazendo as coisas "do jeito certo". Com cada um assumindo o seu lado, conseguimos descaracterizar o que pareciam ser ataques injustificáveis. Só conseguimos perceber que ambos precisávamos de um espaço quando olhamos para trás e entendemos o que estava acontecendo na vida um do outro. Então, em seguida, alinhamos — juntos — nossas habilidades como pais.

Hoje em dia, quando surgem problemas semelhantes, prestamos mais atenção em como resolvemos as coisas. Policio-me para articular as minhas expectativas com antecedência para que ele tenha mais tempo de processá-las, enquanto Mitch ficou mais aberto para discutir as coisas antes que possam explodir. Porém, entender intelectualmente que temos uma parcela no problema é a parte fácil. Decifrar os pensamentos e comportamentos específicos que contribuem para o conflito e, em seguida, descobrir o que fazer com eles é outra coisa. É fácil analisar quando estamos nos sentindo calmos e racionais, porém, é difícil quando estamos bem no meio do conflito. No calor do momento, não pensamos com clareza; e, quer percebamos ou não, tendemos a ficar tão sobrecarregados com as emoções e os sentimentos que nos tornamos incapazes de enxergar nossa parte no problema. Quando estamos nesse estado de defesa, o instinto é entrar no modo de luta ou fuga, o que não resolve o problema tampouco é útil para nós internamente. Em vez disso, precisamos de um espaço físico e emocional para nos controlarmos, de modo que possamos refletir sobre o problema e responder com calma. Aprendendo o autocontrole e como reagir de forma mais calma quando as coisas esquentarem, podemos distinguir melhor quando nos aproximar e quando nos afastar. Podemos evitar a cilada de focar as causas externas do conflito. Culpar a outra parte pode nos trazer o sentimento de triunfo no momento, mas não faz nada para melhorar a situação — nos deixando, como resultado, frustados e impotentes.

Quando você sentir o seu sangue começar a ferver, use algumas dessas respostas plausíveis antes de surtar:

- "Não consigo não culpar você. Deixe-me pensar e dou uma resposta depois."
- "É legal que tenhamos pontos de vista diferentes. Talvez possamos discutir isso mais tarde, quando estivermos mais calmos."
- "Entendo que você esteja frustrado/com raiva/irritado (ouvindo/vendo da perspectiva da outra pessoa)."
- "Sei que não estou compreendendo o seu ponto de vista agora. Talvez possamos ouvir um de cada vez?"
- "Entendo você. Vou pensar nisso."
- "Eu sei que não sou perfeito. Vamos falar sobre isso junto ao RH/um mediador/terapeuta."

Em todos esses casos, você basicamente está abrindo um espaço para acalmar o seu sistema, desacelerar sua reatividade e permitir que a outra pessoa tenha oportunidade de se expressar. Essa pequena mudança na conversa cria oportunidade para uma mudança maior no relacionamento.

Para entender todos os lados de um conflito, devemos ouvir com neutralidade. Por "neutralidade" quero dizer alcançar uma mentalidade que não tenha vínculo com uma posição ou lado. Quando a alcançamos, os mecanismos de resposta (ou cérebros emocionais) relaxam, e os cérebros pensantes ficam livres para se envolverem. Ela nos abre para ouvirmos todas as possibilidades e permite surgir uma curiosidade sobre o outro lado. Com a curiosidade e a mente aberta, entramos em um espaço em que podemos ouvir com calma e responder conscientemente outras pessoas em vez de apenas reagir. Esse é o espaço que precisamos habitar para redirecionar nossa abordagem ao conflito e nos posicionar para resolver problemas que antes não tinham solução.

Nos meus piores momentos, estava reagindo ao estilo de comunicação de Mitch: as ações e omissões dele, seu tom de voz e o ritmo em que se comunicava (que era lento). Na minha mente, cada coisinha que ele fazia ou não fazia — desde que não correspondesse às minhas expectativas exatas — era uma afronta à minha pessoa. Levei muito tempo para realmente entender que Mitch não estava me contrariando de propósito. Eu estava emocionalmente sobrecarregada no momento e sentindo que ele estava sendo agressivo de propósito. Fui incapaz de reajustar meus pensamentos e reações de uma maneira que fosse útil para alguma coisa. Em vez disso, contribuí para o problema ao reagir em momentos que poderiam ter sido ignorados e ao ignorar questões que poderiam ter sido melhor abordadas.

Percebi ao longo de muitos anos de interações desajeitadas e dolorosas que o meu marido era um tipo de comunicador diferente de mim, e nada do que eu fizesse o faria funcionar na minha velocidade. Quando aceitei isso, descobri como deixar a comunicação menos dolorosa, e minha meta se tornou conseguir desacelerar, respirar fundo e ouvir mais. Ao entrar em um espaço neutro, pude responder à situação de uma perspectiva mais objetiva. Percebi que o segredo para prevenir minhas emoções de tentar controlar a situação era abandonar meu ponto de vista por um momento, o que era bastante difícil no meio de uma discussão exaltada, e reajustar meus pensamentos e reações para que eu pudesse observar de uma perspectiva mais objetiva.

Uma parte essencial para alcançar a liberdade emocional do conflito é ouvir não só o que está sendo dito, mas também o que não está: padrões de fala, linguagem corporal, tom de voz etc. Pode parecer muito simples estar atento a esses sinais não verbais de comunicação, mas é fácil confundir reatividade rancorosa com percepção neutra. Em ambos os casos, você pode prestar mais atenção no que está sendo dito e no que não está, mas a diferença está na sua mentalidade. É necessário a mentalidade neutra para entender não só o que está sendo comunicado, mas a intenção implícita. O objetivo é alcançar uma perspectiva neutra para que seja possível distinguir entre o seu estado emocional e a intenção do orador na esperança de resolver uma situação anteriormente conturbada e, ao fazê-lo, ser capaz de tomar uma atitude racional e objetiva.

Neste capítulo, você aprenderá a ouvir — e a acessar — o espaço neutro entre dois estados mentais ou posições diferentes, e verá que pode começar a passar pelo conflito com mais agilidade e a se sentir melhor mais rápido.

Curiosamente, no contexto de situações de grande conflito, notei que, às vezes, pode ser mais fácil discutir pela internet do que pessoalmente. Acho que é porque não há gestos ou expressões faciais aparentes — as palavras ou intenção podem ser o foco, em vez dos ingredientes contraditórios sutis que tendem a causar agitação emocional. Uma simples interação só com palavras às vezes pode realmente levar a uma resolução de conflitos mais eficaz.

O segredo para encontrar soluções

Rhonda e Bill se separaram depois de dezessete anos de casamento. Rhonda estava achando Bill irritantemente lento e inútil, e Bill acusava Rhonda de sempre querer tudo do jeito dela. O fato é que os dois estavam meio certos. Rhonda sabia o que queria e Bill tendia a concordar e depois se arrepender de suas escolhas, a maioria das quais sentia que foram impostas a ele por meio do enorme poder de determinação dela. Felizmente, os dois conseguiram resolver as diferenças na mediação, mas ainda tinham dois filhos para criar. Eles moravam em uma cidade pequena e nenhum dos dois gostaria de ter a reputação manchada pelo outro.

Com um pouco de distância, Rhonda observou as coisas que gostava em Bill: sua sensibilidade realista, confiança e o compromisso com os filhos. Embora quisesse muito o divórcio, pensando bem, reconheceu a bondade nas intenções dele, mesmo que não fosse o par perfeito para ela.

Por outro lado, por conta própria, Bill percebeu que Rhonda havia preenchido sua vida com aventura e oportunidades que ele jamais proporcionaria a si mesmo. Também percebeu como ela fazia parecer fácil conciliar os filhos com as responsabilidades do trabalho.

É um pouco irônico, e talvez uma pena, mas depois de anos de acusações e ressentimentos ao longo do casamento, durante o divórcio, finalmente aprenderam a aceitar a neutralidade. Quando a separação abriu o espaço físico e temporal que precisavam para se afastar das dinâmicas complexas, e quando mudaram de atitude com ajuda da mediação, se tornou claro que o único caminho aceitável a seguir incluía a aceitação mútua, com as personalidades e tudo mais. Por fim, eles foram capazes de aceitar a neutralidade.

Tenho o pressentimento de que se Rhonda e Bill tivessem aberto um espaço em seus corações para as diferenças mútuas enquanto ainda estavam casados, o relacionamento poderia não ter se deteriorado. Porém, embora os dois tenham se divorciado, sentem que o casamento e a família deram certo, mesmo que não tenha durado para sempre.

Mesmo que não nos importemos em ser queridos por todos, no geral, a maioria quer se dar bem com os outros e viver em harmonia.[i] Queremos ir dormir à noite sentindo que cooperamos ou, pelo menos, que não estamos fazendo o que der na telha sem nos importar com os sentimentos daqueles ao nosso redor. Assim como Bill, não queremos nos sentir pressionados; como Rhonda, queremos que nossos desejos razoáveis claramente comunicados sejam respeitados. O que descobri em mais de duas décadas de mediação é que todos podemos conseguir mais do que desejamos… se ouvirmos melhor. O problema é que, com muita frequência, temos um posicionamento muito forte em como abordamos as diferenças. Ficar preso no que desejamos limita a possibilidade de considerar a variedade dos melhores resultados ou soluções. Acessar a neutralidade significa considerar uma escala maior de possibilidades, em vez do pensamento binário de sim ou não e certo ou errado ao qual todos estamos propensos quando nos sentimos provocados.

Eu costumava ligar para a minha avó e perguntar como estava. Ela muitas vezes respondia: "Na mesma, sabe — muitas preocupações, poucos problemas." Penso que a resposta dela é esclarecedora para muitos de nós. Quando nos concentramos em uma questão ou preocupação sobre algo, geralmente pensamos o pior da situação. Acessando a neutralidade, podemos abrir um espaço para enxergar a diferença entre a ansiedade flutuante (por exemplo, preocupações vagas sobre o futuro) e problemas reais que necessitam de uma atenção completa e ação rápida. Quando consideramos as preocupações de uma perspectiva mais neutra, podemos evitar pensar o pior de qualquer situação que esteja diante de nós.

Uma ótima maneira de pensar na neutralidade é se lembrar de como você pensava nas coisas quando era criança. Há uma cena muito boa em *Truques da Mente*[ii] (um programa que assisti várias vezes com meu filho de nove anos) que ilustra essa questão perfeitamente. Nessa cena, grupos de adultos e crianças observam imagens amorfas, como um teste de Rorschach, e descrevem o que veem. Quase que de maneira uniforme, os adultos descrevem exatamente a mesma coisa. Do contrário, as crianças apresentam uma variedade de respostas que reflete seu jeito naturalmente livre e criativo de ser. Depois de verem os resultados das crianças, os adultos foram convidados a olharem outra imagem e tentarem outra resposta. Nessa segunda vez, os participantes foram solicitados a prestarem atenção ou a "ouvirem" a mentalidade aberta infantil dentro deles. As respostas resultantes foram diversas e até engraçadas. Quando os adultos foram incentivados a ir além do pensamento limitado sobre o que era "correto" e a aceitar uma gama maior de possibilidades, puderam adotar o mesmo tipo de espaço neutro que pode ser muito útil para superar conflitos.

Encontrando a opção "certa"

Psicólogos como Jeremy Shapiro já se referiram à solução para o pensamento binário como "Princípio de Cachinhos Dourados."[iii] Uma boa maneira de descobrir o que é "certo" no nosso desenvolvimento pessoal é reverter para o neutro. Para ficarmos neutros, precisamos parar de falar, escrever e reagir por um momento, e abrir a mente e o coração para ouvir o que o outro lado está tentando dizer. Esse tipo de pensamento neutralizado permitirá que todos, menos os que ficam mais na defensiva quanto a um ponto de vista, comecem a criar espaço para enxergar as coisas de maneira menos contraditória.

Às vezes, ouvir exige que nós observemos os pensamentos e escutemos as mensagens que estão sendo extraídas deles. Por exemplo, quando a sua mãe liga para você pela enésima vez seguida com a mesma lista de preocupações obsessivas, é possível que venha o impulso de evitar ou até mesmo bloquear as chamadas, gritar com ela ou até chorar por não aguentar mais.

Quando estamos nos sentindo provocados, tomamos decisões motivadas pelo estresse.[iv] Até mesmo as pessoas de mente mais aberta tendem a ter um pensamento polarizado quando estão chateadas. Nos concentramos em paradigmas binários e perdemos oportunidades importantes de conexão, crescimento e diálogo. Falhamos em enxergar todas as possibilidades que estão diante de nós.

Na próxima vez que sua querida, porém exaustiva, mãe ligar com uma lista de preocupações, sua tendência pode ser evitar a interação bloqueando as chamadas, interromper a fala antes mesmo de dizer "alô" ou se envolver demais e desligar a chamada chateado ou com medo da próxima interação. Falhamos em reconhecer que existe uma outra opção. Reconhecer as necessidades de outra pessoa pode ajudar muito a alcançar uma resolução. Nesse exemplo, pode significar que sua mãe tem uma necessidade de expressar a preocupação e você pode ter a necessidade de não ser bombardeado constantemente. Há uma maneira de atender ambas as necessidades e evitar sentimentos magoados e agitação. Para entender a necessidade, afaste-se do sentimento emocional de sentir-se atacado (ou bombardeado) e pergunte-se o que está acontecendo com você. Talvez sinta uma falta de confiança, interrupção ou simplesmente irritação. Ao reconhecer que sua mãe tem outra necessidade (talvez de ser necessitada!), você pode criar com destreza um caminho a seguir que atenda os dois. Nesse caso, talvez você possa planejar uma conversa atenciosa com uma solução preventiva antes que ela ligue de novo. Em vez de esperar que ela ligue para você, ligue e peça para que ela guarde todas as preocupações para uma ligação na semana em que você promete apenas ouvir por uma hora. Isso ajudaria a diminuir a enxurrada constante de neurose direcionada a você. Além disso, lembre-a de como é grato por tê-la e o quanto a ama. (Com sorte, essa abordagem vai funcionar tão bem para você como funcionou para mim e minha mãe!)

Não importa com que tipo de conflito estamos lidando, de maneira interpessoal ou dentro de nós mesmos, precisamos encontrar a opção certa e controlar as emoções. Quando as controlamos, nos tornamos ouvintes e comunicadores melhores. Podemos prestar uma atenção mais detalhada à linguagem corporal, ao que está nas entrelinhas, às intenções e ao passado para chegar a uma melhor compreensão de nós mesmos e daqueles ao nosso redor.

Exercícios de escrita para encontrar a solução "certa"

Uma ótima maneira de encontrar a opção "certa" é anotar as coisas de que você realmente precisa em qualquer situação com a qual esteja com dificuldades. Em um pedaço de papel ou em seu caderno, escreva o seguinte no topo:

1. A situação que está lhe incomodando.
2. Como se sente sobre ela.
3. Sua solução ideal.

Agora é hora de analisar sua "solução ideal". Abaixo da descrição que você acabou de escrever, desenhe duas colunas.

Na primeira coluna, anote as partes da sua solução ideal sobre as quais você não tem controle. Seja criativo e anote tudo o que conseguir pensar que seja externo. Reconhecer as coisas que você não pode mudar poderá ser muito libertador.

Na segunda coluna, anote as partes da sua solução ideal sobre as quais você tem controle. Nessa parte, você listará tudo o que está dentro do seu alcance para mudar.

Com essas duas partes da sua "solução ideal" definidas, você pode começar a analisar maneiras alternativas de lidar com a situação menos ideal. Para começar, observe a primeira coluna. Pergunte-se:

- O quanto esse aspecto é integral na execução da sua solução ideal?
- Existe algo que você possa fazer para obter o controle desse aspecto?
- Se outra pessoa está no comando desse aspecto, é alguém que está disposto a colaborar ou se comprometer?
- Qual é a viabilidade de você obter controle sobre esse aspecto?

Na segunda coluna, considere:

- Como as coisas nessa lista afetariam a situação geral?
- Existem outras opções, que não dependam da coluna 1, que podem ajudá-lo a melhorar a sua situação?

Vejamos um exemplo de como esse exercício pode funcionar:

Digamos que você esteja lidando com um chefe exigente que constantemente lhe dá novas tarefas antes que você possa completar a anterior. Nesse caso, talvez o que esteja lhe chateando seja a frustração de parecer não avançar no seu grande projeto com a lista de tarefas ficando cada vez maior.

Os sentimentos são de que você está fora do controle, sobrecarregado, estressado, menosprezado ou desorganizado.

O ideal seria você receber as tarefas em quantidades menores e ser reconhecido por um trabalho bem-feito no fim de cada uma.

Embora você possa pedir ao seu chefe que lhe dê uma lista do que é mais importante resolver, é improvável que você mude o estilo dele de delegar tarefas. No entanto, você pode criar o seu sistema de fluxo de trabalho para ter uma sensação de realização todos os dias. Nesse exemplo, digamos que você tenha um grande projeto e um volume constante de solicitações que também deve atender. Em vez de cuidar das solicitações menores e fugir da responsabilidade no grande projeto, designe três horas por dia para ele, independentemente do que mais está sendo solicitado, e passe as outras cinco horas cuidando dos outros projetos e questões do momento. Ao considerar o que precisa para criar suas próprias circunstâncias certas, você diminuirá bastante a sua frustração e sobrecarga. Se necessário, você pode comunicar ao seu chefe que pensou em como equilibrar melhor a carga de trabalho e explicar o sistema. Ele ou ela pode ter uma hierarquia diferente de tarefas que deseja e mostrar que você está pensando bem no resultado pode ajudar a tornar essa conversa mais útil. Um bônus: seu chefe pode ficar impressionado por você ter pensado com tanto cuidado sobre aprimorar seu desempenho como funcionário!

Uma coisa que você deve lembrar é que é pouco provável que a sua mãe no telefone e o seu chefe lhe sobrecarregando com tarefas estejam sendo intencionalmente irritantes, frustrantes ou sufocantes. Em vez disso, estão atendendo às necessidades deles — talvez até as próprias neuroses e a desorganização com as próprias habilidades. Mesmo que sua visão de mundo desde a infância o leve a acreditar que não tem poder de ação em sua vida, esse é o momento em que deve deixar de lado essa crença equivocada. Você é dono do seu ambiente e da sua experiência. E é sua responsabilidade, e só sua, criar a experiência certa, independentemente das cartas que as circunstâncias atuais tenham apresentado. Se acha que isso é algo inimaginável, pode precisar de ajuda para explorar suas crenças autolimitadas.

Certa vez, ouvi uma história sobre alguém que cresceu em um país em que as carreiras das pessoas eram determinadas pela pontuação de uma prova que faziam quando eram muito jovens. Quando chegou a hora de conhecer seu destino, ele recebeu uma carreira que divergia do que havia desejado em seu jovem coração trabalhador, nobre e sonhador. Achei essa história chocante, dada a minha experiência de ter o privilégio e a cosmovisão de poder decidir quem e o que gostaria de me tornar. Ele explicou que, embora não tivesse a carreira exata que havia sonhado, percebeu que, ao explorar todas as opções, havia uma maneira de fazer esse destino atribuído ser interessante. A dádiva daquele ambiente restrito foi o que o inspirou desde jovem a sempre encontrar o melhor ângulo, buscar alternativas e superar a decepção criando uma carreira satisfatória, até mesmo nessa situação imperfeita.

Com muita frequência, quando nos sentimos vítimas das circunstâncias ou estamos presos em uma interação desagradável, culpamos os outros. Geralmente, dizemos coisas que não queremos; mas isso não significa que estamos mentindo. Gostamos de agradar, não prestamos atenção, queríamos dizer o que dissemos no momento; somos preguiçosos e desleixados. A lista continua e, no fim, somos todos responsáveis por muitos relacionamentos complicados. Mas não precisa ser assim. Não importa com que tipo de conflito estamos lidando, de maneira interpessoal ou com nós mesmos, quando controlamos as emoções, podemos encontrar a solução "certa" para qualquer obstáculo que estamos enfrentando. Quando controlamos as emoções, temos o poder de desacelerar e mais chances de nos comunicarmos de modo eficaz e obtermos melhores resultados.

Estou ouvindo, você não está ouvindo, e outras mentiras que contamos para nós mesmos

Ao não ouvir com atenção, podemos nos tornar atrapalhados, recriminadores e, muitas vezes, um pouquinho agressivos em situações conflitantes. É claro, há uma diferença entre ouvir o que não está sendo dito e fazer suposições infundadas sobre o que as outras pessoas querem dizer. Ouvir com atenção exige ir além de só escutar as palavras e oferece oportunidade de uma melhor comunicação.

Se sou especialista em alguma coisa, é em lidar com pessoas argumentativas. Considero-me uma líder pacífica e geralmente digo que, embora seja péssima em muitas outras coisas, sou ótima em resolver as disputas mais complexas na mediação. No entanto, em algumas circunstâncias na minha vida, sou tão culpada por não ouvir e reagir como se algo tivesse sido dito, ou não dito, ou até mesmo pensado, como qualquer pessoa. Deixe-me dar um exemplo.

No começo da minha carreira como advogada, eu ficava tão frustrada com a mentalidade de que o vencedor leva tudo acima de qualquer circunstância, incorporada em muitos dos meus queridos colegas, que causei muita mágoa desnecessária em mim mesma. Quando estava trabalhando em casos de divórcio que não envolviam nenhum tipo de abuso (doméstico ou financeiro), era persistente as minhas tentativas de negociar com o outro lado e enxergar o caso de uma perspectiva holística — mesmo quando isso era literalmente o oposto do que eu deveria estar fazendo se quisesse "vencer" no tribunal e ter menos estresse mental. Estava tão ocupada explicando fervorosamente por que era tão relevante não causar danos colaterais às crianças e por que a unidade familiar importava mesmo depois da separação, que não ouvi o que o outro advogado estava dizendo. Eu ouvi as palavras: "Sim, vamos resolver", mas não observei ou escutei o que estava nas entrelinhas: "... depois de passarmos por todos ou trâmites" ou "... depois de cobrarmos seis dígitos" ou "... depois de fazermos um show apropriado na frente do juiz."

Eu apenas supus que a minha perspectiva era *a única*; por conta disso, deixei de ouvir que o advogado do lado oposto poderia ter uma abordagem diferente. Foi só quando percebi que a pauta dos meus colegas era diferente da minha que meu nível de frustração diminuiu. No fim, a grande maioria dos meus casos era resolvida na mesa de negociação, mas chegar até esse ponto foi mais exaustivo emocionalmente do que o necessário. Em muitos casos, eu acreditava que entendia o que era preciso para ser resolvido, mas não estava realmente escutando. Eu tinha a minha pauta de criar uma saída pacífica e livre de conflitos para os lados, mas, ao me concentrar apenas em trazer o advogado adversário para a mesa de negociação, criei mais conflitos do que eliminei.

Para ouvir melhor, é necessário "ficar neutro" e reconhecer que vieses e padrões inconscientes se desenvolvem no casamento e em outros relacionamentos duradouros;[v] uma pessoa pode dizer que não se importa e a outra pode perder a cabeça porque "sabe" que está em uma armadilha para tomar a decisão "errada", que mais tarde será jogada de volta na cara. Quando nos abrimos para a neutralidade, somos capazes de ouvir com um quadro tonal mais amplo. Pensando bem, percebo que, como uma jovem advogada lidando com oponentes altamente controversos, tinha o forte viés inconsciente de que eles estavam deixando nossos casos mais difíceis do que o necessário porque eram babacas agressivos. Ao longo da vida, percebi que esse era um ponto de vista ridículo e simplesmente preconceituoso. Na verdade, a maioria dos advogados acredita com todo o coração que está apenas defendendo com zelo e impedindo que algum mal aconteça ao cliente, que é a vítima — e, na maioria dos casos, eles provavelmente estão.

A neutralidade não apenas nos abre para outros pontos de vista; também nos ajuda a observar o conflito da perspectiva apropriada. No fim das contas, no meu caso no trabalho, o passado não era importante. O importante era que eu reconheci que há mais de uma maneira de abordar o divórcio. Algumas pessoas pensam que é tudo por dinheiro. Outras pensam que é pelo relacionamento. Juntando essas duas coisas e desenvolvendo um conhecimento mais profundo de todas as nuances do que é importante em um divórcio, fui capaz de evoluir e não enxergar o processo como uma coisa só; e, mais importante, consegui ganhar muito mais respeito e admiração dos meus colegas que abordam seus casos de maneiras diferentes da minha.

Exercício de escuta ativa

Uma boa maneira de começar a entender por que você está realmente discutindo, passar pelo conflito e ir além dele, é se envolver em um exercício chamado "escuta ativa". A escuta ativa cria confiança com o falante para que você possa entender melhor os problemas e eliminar o conflito. Também pode ajudá-lo a melhorar o seu conhecimento e compreensão sobre qualquer questão que esteja sendo discutida. A escuta ativa permite que todos sejam ouvidos, aumentando assim a compreensão por parte do ouvinte e diminuindo a necessidade do falante de se envolver em repetições infinitas e, muitas vezes, diminuindo o instinto de estar certo.

O ideal é fazer esse exercício envolvendo dois participantes, cada um se revezando para ouvir e, depois, refletir.

Funciona assim:

As partes concordam com o tempo que terão para falar. Durante esse tempo, o falante designado declarará como se sente sobre um assunto específico em uma curta frase. É importante usar apenas palavras sentimentais em vez de termos irônicos. Então, em vez de dizer: "Sinto que você é um babaca", pode dizer algo como: "Me sinto desrespeitado." Depois de refletir com calma sobre o que o falante diz, o ouvinte pergunta: "Algo mais?"

Digamos que, por exemplo, as partes concordem em cinco minutos para cada um. Quando o tempo começa, o falante diz: "Quando você deixa o assento do vaso sanitário levantado, me sinto desrespeitado." Então, o ouvinte responde: "Quando eu deixo o assento do vaso sanitário levantado, você se sente desrespeitado. Algo mais?"

Depois, o falante lista algo diferente: "Quando você me dá uma lista de tarefas muito grande, me sinto sobrecarregado." O ouvinte então responde: "Quando dou uma lista de tarefas muito grande, você se sente sobrecarregado. Algo mais?"

Os falantes devem continuar nas idas e vindas até os cinco minutos terminarem e trocarem os papéis. É importante observar que a meta do exercício é estimular um tom de voz neutro e praticar uma abordagem calma e moderada para conversar até sobre os assuntos mais difíceis. Esse simples exercício incentiva a criação de um ambiente neutro e abre a conversa para resultados mais criativos e eficazes.

Além de criar um espaço para abordarmos as questões de um ponto de vista neutro, esse exercício também permite entrarmos em contato com as emoções e aumenta ainda mais a consciência de como reagimos aos estímulos. Essa não é uma maneira de "atacar" a outra pessoa — de forma direta ou indireta. Observe que o falante não diz: "Sinto que você perdeu a cabeça/é sem noção/inútil" ou diz que a grande lista de tarefas é "incoerente" ou "absurda".

A escuta ativa no mundo

Depois de desenvolver a habilidade de ouvir ativamente, você pode empregar essa estratégia para tornar uma interação difícil mais fácil. Para ser um ouvinte ativo, você deve prestar atenção, reter julgamentos, refletir sobre a declaração do falante, esclarecer e resumir. O objetivo é que o falante tenha a sensação de que você, o ouvinte, foi empático com a perspectiva dele; que você realmente escuta sua dor e entende pelo o que ele está passando. Observe que você não precisa concordar com nada do que o falante está dizendo, só precisa ouvir e entender a perspectiva do outro sem introduzir os seus pontos de vista.

No entanto, às vezes, o tom de voz, o jeito como a outra pessoa está falando com você ou a linguagem corporal dela é o bastante para começar uma dinâmica exaltada. As pessoas podem se expressar de maneira passiva (ou não assertiva) ou de maneira agressiva (ou assertiva). Embora tendamos a ser fora do tom com nossas próprias maneiras de falar, com certeza também podemos ser neutros, positivos e negativos. Complicando ainda mais as coisas, respondemos de acordo com o nosso tom natural ou criado. Reagimos aos vários tons com o nosso próprio estilo clássico — que pode melhorar ou piorar a situação, dependendo da compatibilidade de estilo. Analise tanto o tom do falante quanto o seu próprio. Às vezes, perguntar-se como pode soar é melhor do que levar em consideração quem é o ouvinte. Lembre-se, a comunicação não é um modelo único para todos, mas a escuta ativa é um ótimo começo para muitos.

Hillary e Simone ficando neutras

Depois que Hillary atrasou a assinatura do segundo contrato de aluguel do salão, Simone se sentiu pessoalmente atacada. Da perspectiva dela, Hillary estava sendo passiva agressiva e não estava agindo como uma boa amiga. Em vez de ouvir o ponto de vista de Hillary, se fechou. Embora não tenha acontecido nenhuma traição aparente, essa falha em comunicar os sentimentos resultou no fim de um relacionamento duradouro. Simone entendeu que era uma pessoa ambiciosa e intensa, mas nunca considerou como seu estilo possa ter silenciado Hillary sem querer. E, mesmo que o fim da parceria de negócios tenha feito sentido, se elas tivessem tirado um momento para entender as emoções uma da outra sobre o que cada uma imaginava do salão nos próximos cinco anos, poderiam ter se separado como amigas.

Embora possa ter sido um incentivo para Hillary assumir o medo de confrontos ou para Simone reconhecer que suas motivações e ambições eram reforçadas por um profundo sentimento de pavor de que nunca seria tão bem-sucedida financeiramente como sonhava, as coisas poderiam ter seguido um rumo muito diferente. As duas poderiam ter simplesmente reconhecido, de maneira neutra, que compreendiam que a outra tinha sentimentos sobre suas respectivas carreiras e que não cabia mais manter um negócio juntas. Apenas refletir que entendiam o valor e o respeito entre elas, mesmo que não compreendessem o motivo, poderia ter sido o bastante para salvar esse importante relacionamento.

Um exercício para melhorar o vocabulário emocional

Como um rápido exercício que pode ser feito sozinho, tente tirar cinco minutos para dizer como se sente quando algo específico acontece — observe se você consegue preencher o tempo apenas descrevendo suas emoções. Acredite ou não, muitos não têm acesso às palavras emocionais. Você consegue encontrar "rodas de sentimentos" incríveis na internet. Alguns exemplos de palavras emocionais que podem ser usadas para expressar sentimentos de chateação são: raiva, confuso, depressivo ou triste, medroso, magoado, solitário, arrependido ou insuficiente. É claro, a escuta ativa também pode ser usada como uma ferramenta para expressar apreço.

Por exemplo, se o seu parceiro assume a sua tarefa diária e arruma a cama, considere dizer: "Quando você arruma a cama pela manhã, me sinto respeitado/apreciado/amado." Isso pode ser particularmente útil em uma dinâmica em que alguém reclama de se sentir invisível, subestimado, negligenciado ou solitário (todos exemplos de palavras sentimentais). Exemplos de palavras emocionais que podem ser usadas para expressar sentimentos positivos são: alegre, feliz, grato, calmo, contente, satisfeito, animado, eufórico ou afeiçoado.

Exercício de escrita para a escuta ativa

Primeiramente, se você está tentando ouvir suas emoções, este é um ótimo momento para pegar um caderno e começar a escrever. Em um lado da página, escreva as provocações, como: *quando isso acontece...* ou *quando eu faço isso...*

Diretamente do lado oposto da provocação, escreva como se sente. Leia em voz alta. Depois, logo abaixo, observe a provocação e seus sentimentos de maneira neutra. Absorva isso também. Reconheça que você tem o poder para começar a transformar como se sente apenas praticando pensar sobre a sua experiência de modo diferente.

Observe o que eu fiz literalmente há um ano:

Quando meus filhos estão gritando um com o outro por besteiras, sinto raiva.

Reparo que meus filhos estão gritando um com o outro. Reparo que estou me sentindo aborrecida.

Em seguida, absorvi o sentimento de espaço neutro entre o que estava acontecendo com as minhas emoções e julgamento contra o que de fato estava acontecendo. Minha resposta ao conflito sem julgamentos (por exemplo, por besteiras) ou emoção me permitiu ouvir cada um dos meninos sem uma reação e amenizar a situação.

Reconsiderando o conflito

Abrir um espaço neutro na mente para todos os potenciais resultados destrói o pensamento tudo ou nada que interfere na interação positiva. Em vez de enxergar um conflito do ponto de vista de um jogo com vencedores e perdedores, ouvir com neutralidade informa o ouvinte que talvez haja uma história diferente e igualmente inofensiva em ação. Quando estamos lidando com outras pessoas, outra ótima maneira de abrir esse espaço neutro é pedir para que você leve em consideração:

1. Outras explicações plausíveis.
2. Melhores resultados alternativos.
3. Piores resultados alternativos.

Todos temos histórias em nossas mentes que parecem verdade, mas as perspectivas podem variar muito daquelas das pessoas com quem interagimos. Embora cada história possa ser baseada em fatos, elas também são enriquecidas pelo humor, por contexto e por perspectiva. Então, ao explorar outras explicações plausíveis, podemos evitar a mágoa desnecessária. Quando consideramos a caixa de prováveis resultados por meio da lente das melhores e piores alternativas, assumir uma posição de compromisso provavelmente parecerá mais agradável. Torna-se mais fácil de chegar em soluções úteis.

Outras explicações plausíveis

Eu tenho uma amiga, Tanya, que estava interessada em saber como comprar um determinado imóvel vendido por Chuck, marido de uma amiga. Quando ela o abordou em uma festa e trouxe o assunto à tona, ele cortou a conversa de maneira abrupta. Tanya saiu da festa confusa e magoada. Ela tinha certeza de que ele a ajudaria, mas, por conta da grosseria, Tanya supôs que Chuck achou suas perguntas idiotas e que devia odiá-la.

Aconselhei Tanya a considerar outras explicações plausíveis para o comportamento de Chuck, especialmente as que não tinham nada a ver com ela. Talvez ele tivesse perdido um ente querido no começo da semana e não estava a fim de ser social. Talvez não quisesse falar de trabalho em uma festa. Talvez também estivesse interessado no imóvel e não se sentia à vontade de discuti-lo com ela. Talvez a esposa havia descoberto uma traição e os dois tivessem o trato de que ele não podia falar com outras mulheres. Depois de passar por todas as explicações plausíveis, a angústia de Tanya diminuiu quando percebeu que não seria possível descobrir o verdadeiro motivo do comportamento inexplicável. Ela alcançou uma mentalidade neutra em relação à situação: "Chuck está lidando com questões que não têm nada a ver comigo ou com o imóvel sobre o qual perguntei a ele. Estou aberta para as possibilidades de razões alternativas e aceito que talvez nunca descubra nenhuma delas. Me liberto de qualquer expectativa de resposta de Chuck."

Melhores e piores resultados alternativos

Quando estamos passando por um conflito ou negociando a resolução de um problema, sempre precisamos considerar com cuidado o que está em risco. Sem dúvidas, é essencial entender todos os possíveis resultados, especialmente quando nos sentimos pressionados para tomar uma decisão. Somente considerando os melhores e piores resultados alternativos podemos tomar a decisão mais sensata e escolher um caminho para seguir. Em primeiro lugar, Tanya considerou o melhor resultado alternativo (que Chuck ligaria em um ou dois dias para explorar as possibilidades sobre o imóvel) e o pior (que nunca ligaria e que a esposa dele também daria um gelo nela sem explicação). Tanya criou uma variedade de prováveis resultados que ia do melhor ao pior. Depois, não havia mais nada para fazer além de esperar para ver como Chuck responderia ao pedido. Tanya conseguiu aproveitar a noite e manter a calma pelos próximos dias, após os quais Chuck de fato ligou e finalmente intermediou um acordo em nome dela.

Ao nos forçarmos a participar dessas questões, estamos abrindo espaço para a mente ouvir o que realmente está acontecendo conosco tanto no conflito atual quanto na vida.

Exercício de escrita para abrir espaço para resultados alternativos

Um exercício semelhante ao que fizemos para a escuta neutra pode ser particularmente útil se você se encontrar no meio de um paradigma de sim/não. No seu caderno, faça três colunas. Na primeira, escreva sobre o que você está discutindo. Na segunda, escreva o que quer que aconteça idealmente. E, por fim, na terceira coluna, escreva os motivos de querer o que quer. Esse exercício começará a liberar o espaço para criar a possibilidade de resultados alternativos. (O processo será mais explorado no capítulo quatro).

Digamos que você tenha mudado de cidade quando se casou por conta do emprego do seu cônjuge, mas realmente quer voltar para casa no Natal para estar com suas tias, seus tios e seus primos. Porém, seu cônjuge quer ter uma manhã tranquila de Natal em casa. Embora você seja uma pessoa normalmente flexível, nessa discussão sente que não pode ceder; parece que a outra pessoa está sendo argumentativa só por querer. Não é como se ela quisesse visitar a família e, para você, ficar em casa no Natal parece castigo. Essa discussão tenderá a se tornar uma conversa polarizada que, no fim, pode acabar com as festas de fim de ano não só para você, mas para seus filhos. Você pode abrir o espaço para ver o que está por trás da conversa. Você começará a perceber o espaço neutro abrindo e as possibilidades se desenrolando.

O que estamos discutindo	Meu resultado ideal	Motivos para querer o que eu quero
Eu quero visitar minha família, meu cônjuge quer ficar em casa (só com as crianças).	Visitaremos minha família no Natal e meu cônjuge ficará satisfeito com esse resultado.	Me sinto solitário. Tenho medo de perder a conexão com a minha família. Acredito que a família extensa seja essencial para um sentimento de pertencimento, compreensão da comunidade e bem-estar social.

Fazer esse exercício por conta própria pode ser muito útil e, se conseguir que seu cônjuge se envolva no processo, esse questionário de três partes também pode ajudar você a começar a ouvir e, talvez, até compreender os motivos do seu parceiro. Por exemplo, em vez de decidir que a outra pessoa está sendo argumentativa e punitiva, leve em consideração outras explicações plausíveis. Talvez ela só esteja tentando satisfazer a própria fantasia de infância. Pode ser que, quando criança, tudo o que queria era um Natal tranquilo em família, mas os irmãos não participavam ou um membro da família causava o caos por conta da bebida. Talvez o desejo de ficar em casa não tenha nada a ver com o que você quer e tudo a ver com uma vontade própria. Em seguida, observe os melhores e piores resultados alternativos se você insistir em passar todos os Natais com a sua família e nenhum em casa. O melhor resultado alternativo é que talvez o seu parceiro se ajuste às suas vontades e você tenha o fim de ano perfeito com pessoas queridas ao seu redor. O pior resultado alternativo pode ser que a outra pessoa decida que você é tão insensível e egoísta que ela não quer mais continuar casada e, depois da separação, você só fique com as crianças por uma parte das férias de Natal.

Quando somos neutros, podemos ouvir toda a variedade de explicações alternativas plausíveis e os melhores e piores resultados para ambos os lados. Quando começamos a observar os pensamentos e a infundir um espaço ao redor deles, evitamos fazer suposições e nos abrimos para ouvir outras maneiras de ser e pensar. Portanto, quando acessamos a neutralidade, somos muito mais prováveis de alcançar os resultados ideais, já que as interações com outras pessoas se tornam mais fluidas e receptivas. A neutralidade oferece a dádiva do espaço para ouvir a variedade completa de possibilidades.

Com essa mentalidade, você agora está aberto para considerar outras explicações plausíveis e extrair a variedade de resultados (melhores e piores alternativas). Durante esse exercício, você cria a oportunidade de maior entendimento e resultados mais sinceros.

CONCLUSÕES PRINCIPAIS

- Uma parte essencial de alcançar a liberdade emocional do conflito é ouvir não só o que está sendo dito, mas também o que não está: padrões de fala, hábitos, tom de voz etc. O objetivo é não projetar certas crenças em nossos amigos e colegas de trabalho, mas desacelerar e observar a situação de uma perspectiva mais objetiva ou neutra.
- Você pode convocar uma conversa calma e acessar a neutralidade mantendo um tom de voz tranquilo e se envolvendo em práticas de escuta para neutralizar qualquer conflito.
- Ficar preso no paradigma de sim ou não limita as suas oportunidades de alcançar uma solução equilibrada para os seus problemas. Usar os exercícios de escrita para escuta neutra e explicações e resultados alternativos pode ser útil para abrir a sua mente e considerar escolhas além do pensamento preto e branco a que a maioria de nós pode estar presa.

- Antes de pensar o pior de uma situação, leve em consideração outras explicações plausíveis para um comportamento ou ação específica. Fazer uma lista de explicações alternativas igualmente sensatas e agradáveis permitirá que você comece a mudar seu pensamento. Isso o ajudará a reconsiderar as explicações que você está dando sem julgamento.

    - Antes de agir ou reagir, tente ouvir ativamente e considere as seguintes questões:
    - Qual é o *melhor* resultado alternativo que estou considerando como solução?
    - Qual é o *pior* resultado alternativo que estou considerando como solução?

Quando os melhores e piores resultados alternativos forem explorados, você terá dado a si mesmo a variação ou recipiente para criar o seu melhor resultado possível.

- É difícil — e, para ser sincera, provavelmente impossível — abordar todo conflito com neutralidade absoluta. Porém, quanto mais formos capazes de abrir um espaço neutro, treinando por meio de tais exercícios, mais neutros e, portanto, mais lúcidos e equilibrados podemos nos tornar.

CAPÍTULO QUATRO
O "quê" contra o "porquê"

Quando trabalhava com audiência de conciliação, esperava-se que eu resolvesse os casos com conflitos muito complexos para que o tribunal ficasse menos sobrecarregado e os litigantes pudessem poupar energia e dinheiro. Eu era jovem e, no início, lidar com o litígio parecia uma tarefa hercúlea. Porém, o que consegui compreender em pouco tempo é que, na maioria das vezes, se eu nomeasse as emoções no ambiente (por exemplo, raiva, frustração, preocupação etc.), os problemas desapareceriam e era quase como se os casos se resolvessem sozinhos.

Em um dos meus casos mais memoráveis, meus clientes estavam discutindo sobre a guarda dos filhos e sobre quem ficaria com a casa. Uma das razões pelas quais estavam se divorciando era porque Joe traiu Rita. Embora esse tenha sido um fator crucial na decisão de se divorciarem, não era legalmente significativo para o resultado; no litígio, quem traiu quem não tinha nenhuma influência em como os bens seriam divididos. Digo isso porque, durante nossas reuniões, o assunto da traição ficava voltando tangencialmente à conversa. Joe revirava os olhos constantemente e pedia desculpas sem convicção ou negava as alegações. Eles davam voltas e voltas — estavam presos em uma discussão sem sentido sobre algo que, no fim, não afetaria o resultado do divórcio do ponto de vista legal.

Depois de ouvir Rita chorar e descrever sua experiência por uma hora, percebi que ela precisava ser ouvida.[i] A corajosa eu de trinta anos disse algo como: "Parece como se sua vida tivesse sido uma mentira." E então, rapidamente, me virei para Joe e o tranquilizei: "Esclarecendo — eu não acho que tenha sido mentira. Estou só reconhecendo os sentimentos da Rita." Depois, Rita chorou dizendo que "nada é justo!"

Como um truque de mágica, à medida que refleti os sentimentos de Rita, que só precisava saber que ficaria bem e que teria um bom lugar para morar com os filhos sem abrir mão do direito de parte da pensão de Joe, ela conseguiu se acalmar. Descobrimos o porquê e o caso andou.

Percebi que, se refletisse suas emoções, ela teria a oportunidade de se sentir ouvida e estaria mais aberta a ouvir o próprio "porquê" por trás do desejo de ficar com os filhos, com a casa e todos os bens. Se libertou do argumento "o Joe me traiu". Rita *queria* tudo; a casa, as contas no banco, guarda total dos filhos, mas o que *precisava* era de estabilidade e ser ouvida. Quando a tranquilizei refletindo como sentia que a vida toda havia sido uma mentira (por meio da escuta ativa, como discutimos no capítulo anterior), ela ficou menos sobrecarregada pelas emoções. Em seguida, conseguiu dizer o que precisava na divisão de bens: ou seja, segurança e uma percepção de justiça. As coisas seguiram tranquilas a partir daí.

Esse processo parece muito simples. Então, por que a maioria dos casos de divórcio duram mais de um ano, mesmo depois das declarações financeiras serem feitas? É porque ficamos presos no paradigma do sim ou não e não pensamos em nada além do que queremos e, provavelmente, em como a outra pessoa não merece o que quer que esteja pedindo.

Nos capítulos anteriores, consideramos outras explicações plausíveis para o comportamento da outra pessoa e aprendemos como formular os melhores e piores resultados alternativos, sendo ambas ótimas maneiras de abrir o espaço neutro para que você esteja completamente pronto para ouvir. No entanto, ouvir é muito mais do que apenas compreender as palavras que foram expressas, especialmente no que se refere ao processamento emocional do conflito em questão. Neste capítulo, você aprenderá a mais mágica das dicas para acabar com os conflitos e que pode ser útil para libertá-lo das discussões mais complexas.

Assim como Rita, passamos tempo demais concentrados nos pontos de vista — o "quê" — em vez dos interesses — o "porquê." Por exemplo, dizer que desejamos jantar em um restaurante sofisticado toda semana é um ponto de vista ou um "quê"; por trás disso, está o interesse ou o "porquê": precisamos de mais intimidade com o parceiro, nos sentir especiais, uma folga das exigências da vida como pais, uma mudança de cenários, nos conectar com nós mesmos etc.

Para chegar a uma solução, precisamos abordar a emoção por trás do que quer que esteja nos fazendo brigar. Isso porque as emoções são o início de basicamente tudo. Quando estamos em conflito, o cérebro emocional chuta o racional para escanteio.

Com muita frequência, as emoções tomam contam e ficamos presos no "quê" do problema às custas do "porquê" estarmos nos sentindo de uma certa maneira em relação ao problema. O "quê" de uma questão é o que desejamos — geralmente uma exigência instintiva não analisada. Por outro lado, o "porquê" de uma questão é a razão ou necessidade por trás da exigência. Para conseguir uma solução, as necessidades precisam ser atendidas antes dos desejos. Certa vez, trabalhei em um caso em que a mãe estava tentando impedir que a filha passasse a noite com o pai porque ele não tinha habilidades para penteados. Embora o cabelo da filha possa ser importante, essa questão poderia ter sido abordada de muitas outras maneiras, incluindo ensiná-la a fazer o próprio penteado. Porém, o real motivo naquele caso era que a mãe estava sofrendo com saudade da filha durante o tempo em que ela estava com o pai. Só depois de discutirmos o assunto por um bom tempo que a mãe identificou a emoção por trás de sua posição; então, conseguimos superar o conflito e chegar em um plano parental que satisfazia a todos.

Você pode *querer* três milhões de dólares na conta bancária, mas *precisa* saber se as despesas da faculdade do seu filho estão completamente pagas. Se, de repente, você recebesse uma conta poupança que custeasse totalmente a faculdade, sua necessidade (de sentir menos ansiedade em relação a financiar os estudos) seria atendida e sua sensação geral de bem-estar provavelmente melhoraria.

Você pode ainda *querer* os três milhões de dólares, mas com a sua necessidade atendida, a urgência obstinada para ter esse dinheiro não o consumirá tanto.

Curiosamente, às vezes atender uma necessidade também pode satisfazer um desejo. Por exemplo, você pode *querer* que seus filhos valorizem seus esforços, mas *precisa* que eles ajam com respeito. É provável que, se eles começarem a agir com respeito, você sinta satisfação. Quando você internalizar essa discrepância importante, poderá buscar o melhor resultado em qualquer situação. Na negociação sobre qualquer questão, entender isso é tão essencial que vou repetir: você precisa entender os *porquês* (as necessidades) antes de abordar os *quês* (os desejos). Quando você chegar no núcleo dessa distinção, poderá resolver qualquer questão com mais facilidade do que jamais imaginou.

Embora haja sérias consequências em confundir o quê e o porquê, fazemos isso todos os dias. **Falamos, pensamos e exigimos o que queremos sem levar muito em consideração o motivo.** Quando respondemos o porquê, desbloqueamos a necessidade e é quando ficamos livres para chegar a um consenso. Somente ouvindo as nossas emoções — e as dos outros — somos capazes de nos libertar de nossos posicionamentos enraizados e encontrar pontos em comum entre os "porquês" de cada lado. À medida que você desenvolve uma compreensão maior sobre os seus motivos, é provável que descubra que muitos dos seus conflitos são desnecessários. Seus relacionamentos se tornarão mais fáceis quando as discussões sem sentido desaparecerem.

Quando você sabe o motivo de querer algo, pode pedir de maneira mais eficaz. Quando o seu pedido está concentrado no porquê, é provável que cause menos conflito e conquiste maiores recompensas e satisfações. Isso porque quando está ciente do motivo de querer algo, tenderá a abordar o pedido com vulnerabilidade. É menos provável que expressar sua emoção ou necessidade (medo ou desejo por tranquilidade) faça a outra pessoa se sentir defensiva. É mais provável que ela seja mais flexível em ajudá-lo a encontrar opções para satisfazer suas necessidades. Em vez de entrar no "modo briga", pode descobrir que eles entram no "modo de solução de problemas". Ao passo que, quando você está preso em um debate posicional, a tendência é que os dois lados se apeguem às próprias posições — e eliminem qualquer oportunidade de negociação razoável desde o início. Quando entender que a raiz dos ciclos intermináveis de discussões é o interesse implícito, terá conversas mais eficazes com outras pessoas e consigo mesmo.

Uma maneira de ilustrar o princípio do "quê" contra o "porquê" é usar a "Parábola da Laranja". Dois chefes de cozinha estavam em uma competição contra outra chefe e o tempo estava acabando. Os dois precisavam de uma laranja para suas receitas, mas só uma estava disponível. Decidiram entrar em acordo e cada um pegou metade da laranja. Acontece que um precisava do suco e o outro da casca. Ao partir a laranja no meio, nenhum dos dois tinha o que a receita exigia. A terceira participante, que precisava de um limão para sua receita, ganhou a competição, pois tinha tudo o que precisava para preparar a torta perfeita. Se os dois chefes tivessem uma conversa rápida e significativa sobre o porquê de precisarem da laranja em vez de focarem que precisavam, o resultado poderia ter sido diferente. A Parábola da Laranja ilustra a importância de se perguntar por que quer o que quer e considerar o mesmo dos outros.

Essa simples mudança de pensamento é muito poderosa e pode ser feita por si só no cotidiano usando o questionário "Por que eu me importo?" É muito simples.

O questionário "Por que eu me importo?"

Esse questionário é o meu método preferido para decidir se vale a pena brigar. Eu o uso quando estou em conflito no trabalho e em casa. Ajuda a me reorientar e a chegar na raiz do que quer que esteja acontecendo sem perder tempo entrando em ciclos de discussões inúteis. Esse questionário ajudará você a mudar o seu foco para identificar e expressar o seu "porquê" de maneira eficaz. Veja este exemplo:

Certa vez, trabalhei com James e Nancy, que sentiam que a professora de Kyle não gostava dele e o tratava injustamente em relação à disciplina em sala de aula. A posição inicial era que não queriam mais Kyle na aula da professora. Porém, expliquei que tirar Kyle da aula não seria a solução mais agradável ou ideal. Em vez disso, pedi para que fizessem o questionário "Por que eu me importo?". Nancy e James se perguntaram por que se importavam e, naturalmente, chegaram a uma resposta diferente e mais honesta: eles queriam que o filho aprendesse, crescesse e se sentisse bem na escola. Então, embora pudesse ter valido a pena se unirem contra a professora, eles perceberam que agir de acordo com a antipatia compartilhada não os ajudaria a satisfazer o interesse implícito — que Kyle prosperasse na escola.

Quando chegamos ao porquê, podemos começar a resolver a verdadeira questão. Em vez de insistir em um resultado que pode ser insustentável, podemos chegar a um acordo que inclui as soluções específicas necessárias para resolver o problema implícito perguntando para nós mesmos o que é importante. E, em vez de acreditar que a outra pessoa é o problema, podemos perguntar se ela pode se tornar parte da solução. No caso de James e Nancy, conseguiram formular uma lista de pedidos para a professora, como dar uma batidinha no ombro de Kyle quando ele falasse fora de hora em vez de repreendê-lo na frente de todos.

Formular e assumir o seu interesse emocional em um problema em vez de culpar outras pessoas sempre provoca uma resposta melhor quando estamos em conflito. Nós só queremos ser ouvidos e as pessoas que nos respondem, também. Quando deixamos de ficar presos nos pontos de vista (o "quê") para explorar os sentimentos (o "porquê"), recebemos o apoio emocional que realmente desejamos. Assumir as emoções é muito importante para permitir que as soluções se desenvolvam.

Ter alguém para nos escutar, mesmo que só ouçam de maneira neutra, pode trazer um grande alívio emocional; pode acabar com o sofrimento muito verdadeiro de alguém quando não se sentem vistos ou ouvidos.[ii] Se você está com dificuldade de descobrir o seu "porquê" e a pessoa com quem está em conflito não está lhe satisfazendo do jeito que você deseja durante o processo, falar com um psicólogo, coach ou amigo com essa intenção expressa pode ser muito útil. Como advogada especialista em divórcios, descobri que, mesmo quando era claro que não havia base legal para um acordo mais generoso por conta de uma traição, muitas vezes, as pessoas só queriam ter seu dia no tribunal. Elas imaginavam que se sentiriam ouvidas. Porém, mesmo quando venciam, o tribunal não oferecia a satisfação emocional — porque a concentração geralmente está presa no "quê" em vez do "porquê." No tribunal, os juizes fazem, mais ou menos, uma equação matemática com base na lei e nos fatos que são importantes de maneira legal. Seus sentimentos ou se o seu cônjuge traiu tem muito pouco impacto em como os bens são divididos. Pedir para alguém aceitar isso é uma pancada, mas as coisas são assim. **Por isso, muitas vezes, até mesmo quando os clientes conseguem o que querem de uma maneira física, financeira ou logística, ficam emocionalmente insatisfeitos. A necessidade humana de ser ouvido é o que motiva tanta luta.**

O questionário "Por que eu me importo?" pode nos ajudar a identificar soluções alternativas e, por fim, mais satisfatórias ao descobrir o causador implícito para as resoluções que estamos buscando. Porém, ele também nos ajuda a ir mais fundo em nós mesmos para entender o que nos motiva a reagir a situações de maneiras que não são úteis para nós de modo emocional, financeiro, espiritual, físico ou de outro jeito.

Abordar o "porquê" é a parte mágica. É quando amizades são construídas e resoluções sensatas surgem. Quando ouvimos a nós mesmos e aos outros e perguntamos "Por que eu me importo?", podemos colher inúmeros benefícios emocionais.

Descobrindo o seu porquê

Uma ótima maneira de começar a descobrir por que você quer o que quer é fazer uma lista de coisas que você acredita que perderá se for privado do que deseja. Observar essa lista com o seu espaço neutro aberto permitirá que você descubra os mistérios do que incentiva os seus desejos.

Durante muitos anos, depois de deixar a vida na cidade e me sentir presa aos meus filhos pequenos, reclamei sobre todas as coisas de que sentia falta. Eu sentia falta das aventuras de viagens e ansiava pela energia, diversidade, arte, ambição e anonimidade da cidade de Nova York. E sentia falta do meu grande círculo de amigos e família. Eu estava infeliz, mas sabia que não queria bagunçar minha vida inteira de novo. Sabia que era pouco provável que o meu marido biólogo de pássaros conseguisse um trabalho satisfatório no meio da cidade; além do mais, eu não tinha certeza se nossa família faria a transição de uma maneira sustentável. Viver na cidade como uma família seria muito mais caro e complicado do que a vida simples que construí — e, mesmo assim, eu queria muito. Me senti completamente presa, sem boas opções para seguir em frente.

Foi quando decidi conversar comigo mesma de verdade e segui meu próprio conselho para descobrir qual era o meu "porquê." Depois de fazer isso, poderia então começar a trazer pedaços do que eu sentia falta para a minha vida atual. Você pode fazer o mesmo. É simples e funciona mesmo!

Fiz assim:

Em primeiro lugar, montei uma lista de coisas que sentia falta:

- Viagens.
- Diversidade.
- Arte.
- Energia ambiciosa.

- Anonimato.
- Família e velhos amigos.

Depois, fiz outra lista do que parecia que eu estava perdendo por não ter essas coisas:

- Viagens = Mundanidade.
- Diversidade = Enriquecimento.
- Arte = Beleza, inspiração.
- Energia ambiciosa = Motivação.
- Anonimato = Liberdade.
- Família e velhos amigos = Conexão.

Eu me sentei e ouvi os meus motivos. O que entendi foi que me sentia presa e limitada em minha nova cidade. Eu tinha um grande medo de estar perdendo alguma coisa. Porém, voltar para a cidade não era a única solução para esse problema implícito. Com um pouco de pensamento flexível e criatividade, pude ajustar minhas circunstâncias atuais de maneiras que jamais teria pensado se tivesse presa no pensamento fixo do sim e do não. Primeiro, contratei uma babá com experiência internacional que compartilhava sua culinária e cultura conosco, ajudando a atender minha necessidade de me sentir mundana. Fiz um esforço maior e me comprometi a entrar na comunidade de arte local e fazer mais conexões diversas, satisfazendo minha necessidade por beleza e inspiração. E me esforcei mais para visitar meus amigos e parentes distantes, aprofundando conexão com as pessoas importantes na minha vida. Quando as crianças ficaram um pouco mais velhas, escrevi o livro com o qual estava sonhando e criei um novo caminho para me aventurar e uma razão para ir e voltar de Nova York, permitindo-me tempo para aproveitar regularmente as coisas que eu amava na cidade.

É incrível como encontrar o "porquê" pode criar a oportunidade de soluções criativas. Novamente, encorajo você a pegar um caderno que goste de escrever. Pode ser satisfatório olhar para trás nos próximos anos e acompanhar o seu progresso e o desenvolvimento dos seus relacionamentos.

Quando a outra pessoa só quer saber do "quê"

Às vezes, mesmo depois de explorarmos o nosso "porquê", a pessoa com quem estamos em conflito permanece irredutível em sua posição ou em seu "quê." Nesse caso, precisamos usar as habilidades de escuta do capítulo três para determinar explicações plausíveis para o ponto de vista dela (seus interesses ou "porquê").

Para desvendar o "porquê" por trás do que a outra pessoa deseja, você precisa ir além da pergunta ou do "quê". Por exemplo, talvez seu funcionário possa estar defendendo a ideia de ele ter um novo título (o *quê*), porém, na sua empresa, fazer isso é um pesadelo burocrático cheio de papeladas para o que parece, do seu ponto de vista, não ser uma verdadeira mudança.

Se você valoriza esse funcionário, em vez de ignorar o seu pedido, tente fazer algumas perguntas leves em volta do *porquê* de desejar o novo título. Relembrando que o *porquê* é a necessidade por trás do *quê* ou *do desejo*. É provável que você escute que o empregado precisa se sentir mais respeitado, reconhecido ou algum outro intangível. Nesse caso, organizar um almoço em homenagem a ele ou presenteá-lo com um certificado em uma cerimônia de premiação pode ser uma outra maneira de oferecer o respeito que ele precisa de uma forma muito mais viável.

O porquê de Hillary e Simone

Pensar no "porquê" no caso de Hillary e Simone também pode ter trazido maior compreensão a elas. Simone estava com raiva de Hillary porque achou que ela estava sendo desonesta. Porém, se tivesse tirado um tempo para considerar por que Hillary evitou assinar o contrato sem compartilhar suas preocupações, poderia ter reconhecido que a amiga gostava de agradar as pessoas e não queria desapontá-la. Igualmente, Hillary poderia ter percebido que Simone estava motivada pela ansiedade que rodeava um futuro financeiro incerto para ela e para a mãe. Hillary poderia ter ouvido quais eram as metas de Simone, por que queria um novo salão e começado um diálogo sobre o porquê aquilo funcionava ou não funcionava para ela. Hillary poderia ter mudado de comportamento ao arquivar a conversa sobre perder os contratos de aluguel e, em vez disso, concentrar-se em como poderiam apoiar os objetivos maiores uma da outra. Em vez de Hillary se sentir controlada pelo comportamento de Simone e de Simone se sentir irritada com a esquiva de Hillary, as duas poderiam ter sentido uma compaixão maior uma pela outra e aberto o caminho para uma conversa mais cuidadosa.

Em nossos relacionamento mais importantes, como com um cônjuge, parceiro ou amigo próximo, pode ser possível fazer com que a outra pessoa entenda a diferença entre o quê e o porquê. Porém, muitas vezes, não é realista esperar que seremos capazes de fazer com que as outras pessoas entendam ou até mesmo se importem em enxergar o conflito com outros olhos. O melhor que podemos fazer é pensar com cuidado em outras explicações plausíveis e, então, nos contar uma história mais favorável para alcançar uma maior compreensão de por que as coisas estão acontecendo do jeito que estão. A partir daí, podemos reagir de maneiras que satisfaçam suas necessidades mais profundas e, assim, criar oportunidades para encontrarmos uma paz maior.

Pensando com fluidez

É muito importante lembrar que você não precisa se prender em pensar ou fazer as coisas de um jeito específico. À medida que envelhecemos, os pensamentos se tornam inflexíveis. Mas isso não significa que não podemos mudar de ideia a qualquer momento. É claro, como abordamos no capítulo dois, mudar como nos vemos em relação ao mundo ao redor não é algo que podemos fazer da noite para o dia. No entanto, ao criar novos hábitos de pensamentos, velhos cães realmente conseguem aprender novos truques. O pensamento inflexível pode interferir na habilidade de tomar decisões sensatas. À medida que envelhecemos, precisamos prestar mais atenção no pensamento flexível.[iii] Com muita frequência, o pensamento inflexível interfere na capacidade de tomar decisões bem pensadas.[iv]

A mentalidade informa o pensamento e permite, ou interfere, na capacidade de fazer as coisas de maneira diferente. A disposição e a habilidade de aprender sobre nós mesmos — motivações, por quês, nossa parte no problema — são determinadas pela mentalidade. Gosto de pensar que sou uma pessoa mente aberta. Por exemplo: hoje em dia ouvimos mais sobre fluidez de gênero do que nunca. Meus filhos me educaram de maneira significativa e, às vezes, dolorosa, a começar a me libertar dos meus próprios limites em relação às definições do que é masculino e do que é feminino. Eu costumava ter uma mentalidade completamente binária com base em pensamentos históricos inflexíveis. Com o tempo, recalibrei minhas perspectivas e percebi que a maneira como eu entendia os gêneros não era "certa"; ao contrário, era algo enraizado e irracional. Hoje, entendo que estava enxergando através de lentes muito limitadas.

O ato de mudar de mentalidade e, consequentemente, de hábitos também é algo que aprendemos fazendo. Assim como o melhor método de aprender uma nova habilidade é a repetição, para mudar os hábitos e reformular as perspectivas também. A transformação não acontece da noite para o dia; acontece a cada momento, cada vez que escolhemos agir de maneira diferente da anterior. Pode começar como uma decisão consciente. No entanto, com bastante repetição, podemos aprender a internalizar novas ideias e comportamentos para que se tornem reações padrões. O aprendizado não é um processo linear que termina quando alcançamos um comportamento desejável; é um ciclo que continua à medida que seguimos com as nossas vidas e relacionamentos. Quando aprendemos mais sobre nós mesmos, sobre as pessoas ao redor, os relacionamentos que temos com elas, as ideias, os comportamentos e os interesses podem mudar; e, também, as atitudes e mentalidades podem expandir e refletir esse crescimento e mudança.

O livro de Carol Dweck, *Mindset: A nova psicologia do sucesso,*[v] é particularmente atraente por conta do verbo de ação *aprender*. No livro, Dweck aborda que pensamos, reagimos e nos comportamos de um jeito específico inconsciente. Nós já sabemos que podemos mudar nossos hábitos de pensamentos e comportamentos e, de acordo com Dweck, podemos mudar também nossa mentalidade implícita.

No início do meu casamento com Mitch, escolhi transformar minha "necessidade" e minha identidade "preciso morar na cidade" e "sou uma pessoa da cidade grande" em "sou uma pessoa que precisa de diversidade, anonimato, aventura, conexão e inspiração." Com esse entendimento, pude me libertar do apego à ideia de me mudar para a cidade e começar a explorar opções mais viáveis sem bagunçar a minha família e o meu relacionamento. Pense em maneiras que você pode começar a reajustar as perspectivas que já não funcionam em torno das posições que você ocupa em sua vida ou em seus relacionamentos. Quando entender os seus *porquês*, poderá começar a reconsiderar os seus *quês*. À medida que você se conecta mais com os motivadores, descobrirá que um leque completamente novo de possibilidades vai surgir.

Embora ouvir a sua voz interior e as mensagens daqueles ao seu redor seja o tema desta seção, é igualmente importante sempre manter uma visão clara.

CONCLUSÕES PRINCIPAIS

- A maioria dos conflitos acontecem porque discutimos de uma forma posicional (estamos presos no desejo ou no "quê"). As soluções surgem quando ouvimos os interesses por trás dela (encontramos a necessidade ou o "por quê").

- Use exercícios de escrita para esclarecer suas crenças, vontades, necessidades e intenções — e compreender como a situação mudará se você não conseguir o que deseja.
- Separe um novo caderno para o exercício "Por que eu me importo?", em que você possa escrever as razões para querer o que quer. Considere as seguintes perguntas: como sua vida irá mudar? Qual será o significado se você alcançar o resultado que está buscando? Quais são os resultados desejados e como a sua posição apoia o que você mais quer?
- Pense em como desenvolver uma mentalidade flexível (ou de expansão) em vez de uma mentalidade fixa, especialmente no que se refere a gerar novas maneiras de compreender a motivação em conversas e dinâmicas.

CAPÍTULO CINCO
Você pode controlar sua narrativa interior

Agora que você entende a importância de estar ciente do seu papel no conflito e já começou a explorar suas novas habilidades de escuta, iremos mais fundo e abordaremos a narrativa interior.

Quando conheci Fiona e Sofia, ambas tinham 6 anos. Fiona amava ler, escrever e arrumar a cama. Mantinha um diário desde que aprendeu a escrever aos 4 anos. Era muito observadora e tinha uma personalidade forte; quando crescesse, queria ser algo "muito importante, tipo uma médica". Quando visitava parentes ou os amigos dos pais, esperava-se que ela desse um abraço ou um beijo de boas-vindas em todos e, à medida que crescia, esperava-se que socializasse com a galera mais "descolada" e atraente fisicamente. Os pais a repreendiam por ler demais e incentivavam roupas e brinquedos em vez de livros como presentes. Ela ia bem na escola, mas os pais reviravam os olhos quando passava inúmeras horas lendo.

Sofia, uma artista em ascensão, era sorridente e excêntrica. Era boba, brincalhona e tinha um bom relacionamento com outras crianças. Os amigos diziam constantemente que Sofia era única e interessante; era incentivada a expressar seus desejos e a falar sem se importar em agradar os outros. Nas vezes em que Fiona e Sofia se encontravam quando tinham 6 anos, elas interagiam muito bem.

Brincavam e davam risadas juntas por horas, até a hora de irem para casa. Ao vê-las brincando juntas, não pude deixar de refletir sobre como as diferentes mensagens que recebiam em casa poderiam impactar a longo prazo a percepção de quem eram e o que pensariam sobre o mundo. Fiquei imaginando como o ambiente doméstico e as mensagens recebidas afetariam suas narrativas interiores.

A narrativa interior é como o seu sistema de mensagens pessoal.[i] Ela oferece informações sobre tudo o que você observa, escuta, enxerga e pensa. Ajuda você a tomar decisões,[ii] rápidas e lentas.[iii] Esses dois tipos de tomada de decisão dependem da sua narrativa interior; as rápidas, em particular, são tão dependentes da sua narrativa interior que você age sem estar ciente disso. Ela determina em grande parte como você enxerga a si mesmo e como interage com o mundo à sua volta.

Você provavelmente já ouviu a expressão "não acredite em tudo o que pensa." Neste capítulo, descobrirá que, ao ouvir o seu mensageiro interior, você poderá identificar como ele está sendo útil e em que ponto as mensagens estão interferindo no seu bem-estar. E verá que, quando observar seu mensageiro ou sua narrativa interior, poderá começar a mudar os hábitos e a narrativa que ditam o percurso da sua vida — e melhorar seus relacionamentos.

Compreender sua narrativa interior é uma peça essencial para ter bons relacionamentos, porque informa o que você conta para si mesmo sobre o seu lugar no mundo e como você se enxerga no conflito. Ouvindo a história que está contando para si mesmo com o espaço neutro aberto, tendo uma clara compreensão dos seus porquês e se envolvendo com a mentalidade de crescimento, é possível começar a transformar a sua narrativa interior em algo ainda melhor — uma que está alinhada com suas metas e aspirações.

As narrativas interiores são moldadas ao longo da vida. Elas começam a tomar posse no momento em que compreendemos o que está acontecendo ao redor. Formamos as narrativas interiores de maneira inconsciente por várias razões: às vezes, elas explicam as circunstâncias de modo neutro e imparcial. Outras vezes, protegem de emoções negativas fortes. A sua identidade completa é informada em grande parte pelas histórias que você conta para si mesmo. No entanto, na maioria das vezes, quando entende o que elas são, pode começar a enxergar, com disciplina, as circunstâncias e a você mesmo de uma nova forma.

De acordo com *Fora de série — Outliers,* de Malcolm Gladwell, o ambiente em que você vive possui um grande impacto no que alcança no futuro.[iv] Mais adiante, em *Davi e Golias: a arte de enfrentar gigantes,*[v] Gladwell continua a desafiar a forma de pensar nos obstáculos e nas desvantagens.[vi] As mensagens que você recebe dos seus pais e, depois, dos colegas possuem um grande impacto em como você se vê em relação ao mundo. Sofia foi ensinada desde nova que era talentosa, assim como foi incentivada a falar o que pensa. Fiona foi incentivada a diminuir a exploração e a expressão intelectual, e a se concentrar em ser bonita, "descolada" e a ter bons relacionamentos com outras pessoas. A teoria de Gladwell prevê a narrativa interior de cada menina e o que ela as levará a alcançar no futuro. Sofia teria cultivado um forte controle interno e uma autoconfiança sólida; ela teria a confiança para se tornar uma cineasta importante. Fiona se tornaria uma editora bastante bem-sucedida, mas, muitas vezes, se sentiria insegura e se concentraria em aparência e popularidade. A narrativa interna pode se tornar um ciclo profundamente enraizado que informa como nos vemos e como isso impacta na forma como interagimos com o mundo.

Como vimos com Fiona e Sofia, as narrativas interiores começam na infância e são moldadas pelos pais, por amigos, pela família e por professores. Assim, a maneira como interagimos com outras pessoas hoje em dia reforça a narrativa interior e, por fim, sua vida se torna sua narrativa interior. Embora esse ciclo de retorno possa parecer ruim, a parte boa é que temos uma capacidade enorme de mudar a narrativa interior a qualquer momento.[vii] Até mesmo agora.

O cabum

Meu marido, Mitch, é o filho mais novo entre quatro. Quando criança, Mitch sabia que os irmãos o amavam, porém, mesmo assim, muitas vezes sentia que mandavam nele. Mitch não gostava de ser comandado, então, com o tempo, desenvolveu um rápido reflexo para restringir qualquer coisa que parecesse autoridade.

Até eu chegar. Depois de nos casarmos, contei a Mitch uma história sobre um jogo que costumava brincar na infância com o meu irmão e com um outro casal de irmãos que, assim como nós, era uma menina mais velha e um menino mais novo. O nome do jogo era "A rainha e os servos". A outra menina e eu éramos as rainhas, e os dois meninos, os servos. É o bastante para dizer que, quando Mitch sente que estou sendo autoritária, sou rapidamente lembrada que ele não é o servo e eu não sou a rainha. Minha história de infância colidiu diretamente contra a parte da narrativa interior de Mitch de que ele não seria comandado.[viii] Complicando ainda mais as coisas, eu tinha a narrativa interior de que, se queria que as coisas fossem feitas, em vez de esperar ou reclamar sobre como estão fazendo, é melhor tomar as rédeas e fazê-las eu mesma. As narrativas interiores colidem e então... *cabum*.

Quando pensamos na vida, muitas vezes nos concentramos no que fazemos, quem conhecemos, onde moramos, o que possuímos e outros fatores externos. Embora possamos vincular vagamente a autoestima positiva ou negativa a esses fatores, nenhum deles define de verdade como nos sentimos sobre nós mesmos nos níveis mais essenciais. É a narrativa interior que determina como enxergamos cada conflito da vida. Os motivos dos irmãos de Mitch para dizer a ele o que fazer podem ter sido perfeitamente plausíveis — ele era apenas uma criança e os outros eram adolescentes. Porém, essa experiência moldou parte do homem que Mitch se tornou. Por conhecer essa parte da experiência dele, embora eu ainda seja uma pessoa naturalmente assertiva, aprendi rápido a fazer o meu melhor sempre para incluir Mitch na hora de tomar decisões. O problema é que, na maioria das vezes, só seguimos com os dias, com as interações e com a vida sem analisar as mensagens que estamos enviando para nós mesmos. Porém, as histórias causam um impacto em como reagimos e respondemos outras pessoas.

A história sobre quem somos no mundo informa como fazemos tudo — o que compramos, em quem votamos, o que fazemos no tempo livre e como gastamos recursos. No atual clima político, muitas vezes nos sentimos julgados; e, embora odiamos admitir, somos vistos como julgadores, mesmo que, na verdade, estejamos apenas expressando opiniões. É apenas ao compreender como somos vistos por outras pessoas que podemos começar a construir pontes com aquelas que possuem diferentes pontos de vista. Uma parte essencial desse processo é analisar como a narrativa interior é expressa para o mundo de maneiras conscientes e inconscientes.

Ouvir atentamente as histórias que você conta para si mesmo pode fornecer um poder enorme para superar os conflitos. É claro, parte do seu comportamento está incorporado no DNA e pode ser mais do que consegue contrariar.[ix] O debate natureza contra criação é complexo e até hoje não é completamente compreendido. No entanto, à medida que os cientistas chegam a um entendimento maior sobre como os genes interagem, um dia aprenderemos quais traços podem realmente estar enraizados na biologia.

Para o propósito desta conversa, a suposição atual é que a maioria dos comportamentos é pelo menos parcialmente aprendida e, portanto, modificável por meio da aplicação consciente e intencional das estratégias que já discutimos. Na maioria das vezes, existe a capacidade de se envolver no aperfeiçoamento, pelo menos quando se trata da superação de conflitos, e é importante se relacionar bem com outras pessoas. Eu diria que se relacionar bem com outras pessoas é *sempre* importante porque ajuda a vida a fluir de maneira mais leve, o que torna as coisas mais agradáveis.

A narrativa interior no trabalho

Deixe-me falar um pouco sobre Maddie, minha amiga. Maddie e Ella trabalhavam na mesma equipe em um renomado escritório de arquitetura. De acordo com todos os sinais externos, Maddie e Ella eram igualmente bem-sucedidas no escritório. Porém, da perspectiva de Maddie, o relacionamento profissional das duas estava por um fio porque ela não gostava de como Ella "a fazia se sentir".

Eu ajudei Maddie a analisar o relacionamento com Ella na esperança de melhorar a situação. A primeira coisa que trouxe à tona durante a conversa foi como Ella desfilava com os sapatos de salto Louboutin "como se fosse dona do lugar." Isso tirava Maddie do sério porque, embora seus números e resultados fossem melhores, parecia que a colega recebia toda a atenção da gerência com suas roupas de grife e sua casa de praia nos Hamptons. Sempre que Ella estava por perto, Maddie se sentia "inferior" e motivada a criticá-la por ser tão "exibida". Embora admitisse que Ella era carinhosa e engraçada com ela, Maddie nunca a incluía nos planos sociais que fazia.

Objetivamente, Maddie sabia que as duas tinham a mesma posição e o mesmo salário. No entanto, sentia raiva e insegurança apenas ao ficar perto. Porém, pude perceber que o que estava acontecendo na dinâmica das duas na verdade tinha pouco a ver com Ella. Quando Maddie começou a ouvir e prestar atenção em como podia estar contribuindo para a dinâmica entre as duas, ela percebeu que sempre que se sentia insegura, ficava hostil e defensiva.

Eu já sabia que Maddie achava que ganhava pouco e que se vestia de maneira conservadora, mesmo que estivesse se tornando mais bem-sucedida financeiramente a cada dia. Mostrei para Maddie como a narrativa interior dela moldava sua baixa autoestima e limitava as interações com Ella.

Depois que ajudei Maddie a entender sua narrativa interior autodestrutiva, ela foi capaz de se reeducar. Maddie percebeu que tinha a capacidade de reestruturar completamente a dinâmica com Ella. Também lhe ocorreu que ela não fazia ideia do que estava aconteceendo na narrativa interior de Ella. Então, mostrei que uma explicação plausível para Ella se dar tão bem socialmente era que ela prosperava em interações sociais em vez de bajulações específicas, e que isso de maneira nenhuma diminuía Maddie e suas conquistas. Outra explicação plausível poderia ser que estava tentando compensar alguma insegurança profunda dela própria. Quando Maddie adaptou a percepção que tinha de Ella com essas alternativas, começou a aceitar projetos que lhe interessavam mesmo que isso significasse que teria que trabalhar junto à colega.

Assumindo sua narrativa interior e reajustando-a para que seja mais útil, você pode mudar radicalmente sua experiência cotidiana, assim como Maddie fez com Ella. Criar uma narrativa interior mais positiva torna ainda mais fácil considerar explicações alternativas para as palavras e os comportamentos de outras pessoas de maneira neutra, assim criando uma maior oportunidade de tornar o "melhor resultado alternativo" real.

Qual é a sua narrativa interior?

Muitas vezes, somos provocados por outras pessoas porque as narrativas interiores agravam uma à outra — como quando a narrativa interior do meu marido Mitch sobre receber ordens e a minha narrativa interior sobre estar no comando fez *cabum*.

Esse tipo de situação acontece o tempo todo. Quando era jovem, eu tinha uma nova amiga que morava em um bairro mais sofisticado e que se recusava a me apresentar para os outros amigos dela. Sentia que talvez ela não quisesse me apresentar porque eu não era rica o bastante. Mesmo naquela época, sabia que era ridículo, mas era a história que contava para mim mesma. Por fim, ela tinha experiência em ser trocada por amigos que foram apresentados aos outros e a deixaram de fora. Ela não queria me apresentar para os outros amigos, mas não pelas razões que eu pensava: era porque ela estava com medo que eu fosse roubá-los. Ela estava tomando decisões com base em um medo legítimo, mas eu atribuí uma intenção diferente por conta da minha narrativa interior negativa.

Para começar a entender sua narrativa interior, muitas vezes é útil se perguntar como você se vê em relação ao mundo ao seu redor. Observe a seguir algumas áreas a serem levadas em consideração ao se aprofundar no que é a sua narrativa interior. Analise esses itens em uma escala de 1 a 5, com 1 significando *nunca* e 5 significando *sempre*. Muitas vezes, o conflito resulta de maneiras contraditórias de enxergar a si mesmo.

- Eu sou sensato.
- Eu sou agradável.
- Eu tenho bons amigos.
- Eu sou um bom ouvinte.
- Eu presto atenção nos detalhes.
- Eu faço o meu trabalho.
- Eu sigo em frente com ideias, pessoas e compromissos.
- Quando me concentro em alguma coisa, posso conquistar tudo.
- Eu sou enérgico.
- Eu sou determinado.
- Eu sou atlético.
- Eu tenho paixões ou fortes interesses.
- Eu sou criativo.
- Eu sou analítico.
- Eu tenho estilo.
- Eu sou engraçado.
- Eu sou confiável.
- Eu sou influente.
- Eu faço o que tenho que fazer.

- Eu sou saudável.
- Eu sou pontual.

Essa lista é apenas um ponto de partida para você pensar em como se vê no mundo e para pensar sobre como a pessoa com quem você está interagindo (ou em conflito) pode divergir tanto em como enxergam você e como enxergam a si mesmas. O objetivo é apenas começar a orientar sobre o que pode estar acontecendo por trás da superfície do que está sendo discutido.

As histórias que você conta para si mesmo

Para começar a analisar sua narrativa interior, é bom olhar para várias áreas da sua vida e pensar sobre as histórias que você conta para explicá-las a si mesmo. Essa ferramenta pode ser muito útil para a autoexploração e para entender por que certos relacionamentos são especificamente difíceis de lidar. Em cada uma das categorias a seguir, classifique o quanto você está feliz em seus relacionamentos, experiências e circunstâncias em uma escala de 1 a 10. Preste atenção em qualquer área a que você atribua nota 7 ou menor, pois são possíveis provocações para o conflito.

Pense em seu relacionamento ou seus sentimentos sobre as vinte categorias básicas a seguir. A lista pode continuar infinitamente, mas essas categorias estão designadas a fazer você pensar como se sente sobre sua vida.

- Você mesmo.
- Seu parceiro atual ou anterior.
- Seus filhos ou enteados.
- Sua infância.
- Sua família completa.
- Seus colegas de trabalho.

- Seus amigos (ou sua capacidade de fazer e sustentar amizades).
- Sua carreira/emprego (e como causam impacto em você).
- Sua vida sexual e intimidade.
- Seu ambiente (dentro e fora de casa).
- Seu dinheiro/estabilidade econômica.
- Sua saúde mental e bem-estar.
- Sua saúde física (imagem corporal/dieta/hábitos de exercício físico/qualidade do sono).
- Seu bem-estar espiritual/segurança emocional.
- Seu gerenciamento de tempo.
- Seu espaço físico/em casa/na comunidade.
- Seu nível de foco no passado ou futuro.
- Seu nível de flexibilidade (em casa e no trabalho).
- Seus traços de personalidade que gostaria de mudar (deixar mais leves, mais fortes, melhorar de outra forma).
- Sua educação/negócio.

Para qualquer área a que atribuir seus sentimentos com nota 7 ou menor, peça a si mesmo para avaliar a causa. Muitas vezes, estamos presos em sentimentos que se originam no passado e não nos dias atuais. Por exemplo, você pode ter muito dinheiro, mas se considerar pobre por ter passado anos com dificuldades financeiras no passado, portanto, vive em um estado de preocupação que já não precisa mais. Nesse caso, observe sua história e liberte-se. Se você não faz ideia do porquê se sente de uma certa maneira, mas consegue reajustar sua perspectiva sem descobrir, tudo bem. Você pode avançar e ir para a próxima parte do exercício.

A terceira e última parte desse exercício é escrever exatamente o que você não gosta na história ou circunstância atual de cada categoria e, depois, reescrever como gostaria que fosse. Como cada área seria se fosse nota 10? Permita-se sentir como é viver essa parte da sua vida como se fosse exatamente o que você deseja. Selecione qualquer aspecto da sua vida que mais chame sua atenção e pense em uma pequena ação que você pode fazer para começar a mudar sua energia de acordo com como gostaria de se sentir.

Observe que visualizar a perfeição não eliminará o trauma, a dor ou a pobreza. E, embora possa ajudá-lo a enxergar os lados positivos (em que você está classificando sua vida com um número relativamente alto), também pode ser hora de buscar a ajuda profissional de um psicólogo que o ajude a lidar com os problemas em questão. Compreender onde você se sente insatisfeito é tão importante, ou até mais, quanto notar quais áreas da sua vida possuem espaço para melhorias. E, nas áreas que estão abaixo do ideal, avalie onde você possui a capacidade de fazer pequenas mudanças. Assim como com os hábitos, pequenas mudanças feitas regularmente ao longo do tempo podem se tornar grandes mudanças de pensamentos, decisões e, por fim, ações. À medida que mudamos como pensamos, alteramos as experiências.

Por que toda essa autorreflexão? Normalmente, quanto mais nos sentimos à vontade com as circunstâncias da vida, melhores ficam os relacionamentos. Nos tornamos menos apegados aos resultados de qualquer interação que temos com outros à medida que o sentimento de identidade se torna mais confortável e inabalável. Curiosamente, quanto mais seguros estamos de nossas perspectivas ou pontos de vista, mais flexíveis podemos ser ouvindo as perspectivas de outras pessoas.[x] Somos mais realistas em como enxergamos as coisas e mais capazes de ouvir o que os outros têm a dizer sem sentir como se fosse uma ameaça.

Reajustando a sua narrativa interior

Você pode analisar e reajustar suas narrativas interiores para neutralizar dinâmicas problemáticas desde o início. Lembre-se, você sempre pode contar uma história melhor para si mesmo — uma que seja mais solidária e complexa. De vez em quando, você pode se encontrar em uma situação perturbadora que parece não conseguir superar. Quando isso acontece, há um ótimo exercício de escuta que pode ajudá-lo a acessar seus pensamentos interiores. Eu amo esse exercício, especialmente para quando você sente que não entende por que está se sentindo reativo.

Em primeiro lugar, escreva exatamente qual é a situação e como ela fez você se sentir. Encontre pelo menos dez adjetivos para descrever seus sentimentos, depois descreva a história que está contando a si mesmo. Por último, pense em outras explicações plausíveis; como abordamos no capítulo anterior, pense em outras maneiras de enxergar a situação.

Digamos que você esteja tentando explicar para o seu marido como acha que devem lidar com uma situação financeira e ele esteja interrompendo ou não entendendo o que você está dizendo. Escreva tudo o que está sentindo; mágoa, raiva, desconexão, frustração, perturbação, desespero, insatisfação, irritação, agitação e rejeição.

Em seguida, anote sua narrativa interior "aparente". Há uma diferença entre a narrativa interior "aparente" e a "mais profunda". A distinção é que a narrativa aparente é o que as outras pessoas enxergam e o que estamos conscientes de pensar. As atitudes (como pensamos sobre as coisas ou os hábitos de pensamentos) são incentivadas pela narrativa interior mais profunda (a cosmovisão, as histórias que contamos para nós mesmos). Superficialmente, a sua narrativa interior pode ser que é impossível chamar a atenção do seu marido. Isso pode fazer *cabum* por conta de algo na sua infância. Por exemplo, talvez quando era criança, você achava difícil chamar a atenção da sua mãe. Sua narrativa interior mais profunda pode ser que as pessoas que você ama são distraídas com frequência e difíceis de alcançar emocionalmente.

Para se envolver com outras explicações plausíveis nesse conflito, deixe a narrativa interior de lado por um momento e considere outras alternativas. Por exemplo, talvez quando seu marido lhe ignora, é porque você o pegou em um momento ruim. Talvez ele esteja correndo com um prazo e tem tanta dificuldade em organizar o tempo que esteja com medo de perder o foco. Talvez, quando sente que seu marido está argumentando, ele esteja apenas fazendo perguntas esclarecedoras de uma maneira que pareça agressiva para você. Quando você exclui a sua narrativa, começa a enxergar que o seu marido opera em outra velocidade e usa um estilo de comunicação diferente do seu.

Embora a maneira dele de fazer as coisas possa, às vezes, ser difícil para você lidar, não significa necessariamente que ele esteja respondendo lentamente e fazendo perguntas com o propósito de contrariar você. Respire fundo e reconheça que pode alcançar o melhor resultado possível escolhendo ser paciente, presente e otimista. Você pode responder às perguntas dele com calma ou perguntar se não há um momento melhor para ter essa conversa. Fazendo isso, você não só evita um conflito com o seu marido, mas também estimula um relacionamento mais tolerante e com base em compreensão e melhor comunicação.

Assuma o controle da sua narrativa interior

O poder da afirmação: Nós somos o que pensamos

Se você está se sentindo travado e com dificuldades de entender o que a sua narrativa interior atual está dizendo, uma boa maneira de assumir o comando dos seus pensamentos é realinhar a sua autopercepção de forma neutra por meio de uma afirmação positiva. Isso pode ajudá-lo durante momentos comuns e de estresse. Quando estamos conscientes dos nossos pensamentos, muitas vezes podemos seguir com a vida e os relacionamentos em uma direção positiva. Se acredita que você ou alguém que ama está lidando com um problema de saúde mental, procurar aconselhamento, um diagnóstico e, potencialmente, medicação é muito importante, mas, para questões que não exigem esse tipo de envolvimento, afirmações são ótimas ferramentas para muitas pessoas se sentirem melhor e evoluir em relação a si mesmas e aos relacionamentos que possuem.

Sua afirmação deve ser:

- Positiva.
- Específica.
- Afirmada no tempo presente.

A afirmação sobre a narrativa interior pode ser muito simples. O ideal é que você a repita para si mesmo durante o seu dia. Observe a seguir algumas afirmações simples para você começar:

- Eu sou autoconfiante.
- Eu sou digno.
- Eu sou forte.
- Eu trabalho duro.
- Eu tenho talento.
- Eu tenho valor.

A repetição dessas afirmações começará a redefinir e reformular a maneira que você pensa sobre si mesmo internamente e em relação ao mundo. Observe que, se você está passando por questões com sua saúde mental, esses exercícios não podem substituir o trabalho de um profissional e, em algumas circunstâncias, de medicações. Às vezes, os problemas com saúde mental são persistentes e causam interações mais difíceis. Você pode precisar se consultar com um profissional para perceber que essa ajuda é necessária.

Respiração diafragmática profunda e respiração de caixa

A respiração diafragmática profunda pode ser muito útil para libertar você de padrões de pensamentos ansiosos e confusos. Abrir espaço para novas maneiras de pensar pode ser transformador quando chega o momento de reavaliar sentimentos e, talvez, conversas desconfortáveis. A respiração é uma ótima maneira de tranquilizar a mente para que você possa pressionar o botão de reiniciar e começar a mudar o seu diálogo interior.

Para praticar a respiração diafragmática profunda, encontre um lugar silencioso e desligue todas as luzes artificiais. Você pode se sentar em uma cadeira com os pés no chão ou no chão com as pernas cruzadas. Cada rodada de respiração é feita em três passos. A inspiração, a retenção e a expiração.

A respiração consciente quadrada ou de caixa é outra ótima maneira de desacelerar sua mente agitada e silenciar o barulho que está tirando a sua atenção do momento. Leva a respiração abdominal profunda um passo adiante, prendendo a respiração no início e no fim.

É semelhante à respiração diafragmática profunda, exceto que incorpora uma segunda retenção da respiração no começo do ciclo. Em uma posição sentada (de preferência com as luzes apagadas), feche os olhos. Apenas sente-se e respire regularmente, sentindo a respiração profunda onde seu estômago e peito sobem e descem.

Então, comece a sua respiração (diafragmática profunda ou de caixa) dessa forma:

1. Respire fundo pelo nariz e conte devagar até quatro ou cinco. Sinta seus pulmões se enchendo de ar.
2. Segure a respiração e, mais uma vez, conte até cinco (ou menos se for mais confortável).
3. Lentamente, expire com os lábios entreabertos e conte devagar até quatro ou cinco.
4. Segure a respiração no final como você fez no começo (essa é a retenção adicional da respiração de caixa).
5. Repita cinco vezes.
6. Abra os olhos lentamente.

Quando terminar, notará que a sua mente estará um pouco mais clara e você estará mais aberto para visualizar sua narrativa interior ideal. Mas agora, para recalibrar a narrativa interior, vamos dar um passo adiante e incorporar a afirmação positiva. A cada inspiração, você repetirá em silêncio sua afirmação positiva ("Eu estou perfeitamente calma") e, a cada expiração, você jogará fora o oposto (por exemplo, ansiedade). Inspire a calma, expire a ansiedade.

Inspire confiança, expire insegurança. Inspire segurança, expire a instabilidade.

Embora seja pouco provável que essa prática mude completamente a sua narrativa interior da noite pro dia, com dias, semanas, meses e anos de repetição, a sua nova história pode substituir aquelas que já não são mais úteis para você. Lembre-se: criamos histórias que nos protegem de emoções difíceis.[xi] Por exemplo: se você foi abandonado por um de seus pais, pode decidir que aquela pessoa é ruim. Levando adiante, pode decidir que, como é filho dessa pessoa, está destinado a ser da mesma maneira — ou pode decidir passar os seus dias tentando compensar sendo tudo para todos. Então, à medida que você cresce e o tempo passa, incorporar uma afirmação no seu exercício de respiração pode ajudá-lo a libertar essas narrativas perigosas e substituí-las por outras mais construtivas. Por exemplo, você pode enxergar um dos seus pais que lhe desapontou como um ser humano imperfeito ou abrir mão da raiva que sente por um amigo que o prejudicou e buscar a compaixão. Você pode superar a hipervigilância e convocar a aceitação.

Quando você percebe quais histórias está contando para si mesmo, tem o poder de mudá-las e torná-las melhores. Você pode mudar suas narrativas interiores uma história de cada vez. E, ao lembrar-se de que as narrativas interiores não impactam apenas a si mesmo, mas todas as pessoas que convivem com você e ao seu redor, você pode ser incentivado a prestar mais atenção nas histórias que conta para si.

As narrativas interiores de Hillary e Simone

Se Hillary e Simone tivessem entendido suas narrativas interiores, imagine o quanto as coisas poderiam ter sido diferentes. Simone havia crescido sem recursos e era muito importante que se tornasse bem-sucedida financeiramente em um alto nível. Se ela tivesse entendido sua própria motivação interior para alcançar isso e que Hillary não tinha a mesma necessidade, poderia ter desacelerado o bastante para ter uma separação mais saudável. De modo semelhante, se Hillary tivesse reconhecido que, embora ela estivesse contente com o status quo, Simone não estava por conta de seu passado, elas poderiam ter salvado a amizade. Se tivessem pelo menos começado a considerar as motivações emocionais implícitas e os medos das duas, elas poderiam ter sido mais vulneráveis, menos reativas e mais capazes de chegar no equilíbrio e em um consenso. Mesmo que nunca tivessem discutido as emoções, com autorreflexão, o relacionamento de longa data poderia ter sido poupado.

CONCLUSÕES PRINCIPAIS

- Lembre-se dos capítulos anteriores: o seu papel no conflito — e as atitudes, expectativas e histórias que você leva para ele — é tão importante quanto o papel do seu amigo, parente ou colega. A sua narrativa interior dita como você enxerga o mundo e como você se relaciona com outros, então é importante que você assuma o domínio e controle-a para o melhor resultado possível.
- Assumir o controle da sua narrativa interior exige praticar alguns dos mesmos exercícios sobre neutralidade do capítulo três. Tente usar os exercícios de respiração e afirmação para ajudá-lo a retomar o controle e avaliar suas próprias narrativas com neutralidade durante os momentos comuns e de estresse.
- Entender e mudar sua narrativa muitas vezes é um exercício criativo. Para sua criatividade fluir, experimente os exercícios como o de observação "Qual é a sua narrativa interior?", que o convida a responder perguntas descritivas que iluminam características e histórias do passado para

dar vida aos personagens observados. Envolva-se no exercício esclarecedor de autoexploração para ajudá-lo a ir mais fundo nas variadas histórias que você conta para si mesmo sobre os aspectos mais importantes da sua vida: dinheiro, sexo, romance, família, amizade e carreira.

- Ouvindo a sua narrativa interior e aprendendo a controlá-la, você pode começar a reformular seus pensamentos e se relacionar melhor com outras pessoas.

PARTE III
Arquivando conversas muito exaltadas

Esta seção ensinará como arquivar ou pausar as conversas mais exaltadas (tanto com você mesmo quanto com outras pessoas) mudará seus relacionamentos. Arquivar a conversa fornece tempo para suas emoções se acalmarem e os pensamentos marinarem para que o seu comportamento exterior reflita as mudanças que você fez na sua mentalidade. As habilidades de autorreflexão e de escuta que foram desenvolvidas nas duas primeiras seções deste livro irão prepará-lo para adotar as capacidades de alto nível necessárias para estabelecer fortes limites, para responder em vez de reagir e para eliminar sua própria atitude defensiva. Como nas seções anteriores, você aprenderá como criar hábitos que incorporem cada uma dessas habilidades para criar uma mudança duradoura nas dinâmicas interpessoais em todas as áreas da sua vida.

CAPÍTULO SEIS
O arquivamento e os limites libertarão você

Às vezes, menos realmente é mais, ou, pegando um conselho do meu avô Walter, alguns relacionamentos devem apenas ser "arquivados" por um tempo. Certa vez, ele me disse: "Nunca jogue ninguém fora. Basta colocá-los em uma gaveta." Arquivar relacionamentos que não estão funcionando no momento é uma maneira excelente de manter os laços fortes em momentos conflitantes. Deixar relacionamentos e conversas para depois pode fazer com que a poeira baixe e que discussões sem importância, que talvez nunca precisem acontecer, sumam.

Por exemplo, você não precisa necessariamente deixar de seguir sua colega de quarto da faculdade nas redes sociais mesmo se as postagens dela apoiando um político que você odeia esteja tirando você do sério. Só dê um tempo ou "deixe-a em uma gaveta" parando de acessar as postagens ou limitando a frequência em que vocês se encontram ou falam uma com a outra.

Às vezes, a melhor solução é arquivar um relacionamento até a poeira baixar; porém, outras vezes, esse tipo de pausa não é possível. Se esse for o caso, uma ótima maneira de começar a ter interações mais positivas com as pessoas é traçar limites mais fortes em torno de aspectos específicos daquele relacionamento. Esse arquivamento pode durar por qualquer quantidade de tempo. Ele serve para suspender uma dinâmica até que as emoções se resolvam e a situação evolua.

Quando você se sentir excluído por um colega de trabalho em uma reunião, em vez de reagir na hora, arquive o problema até ter uma ou duas boas noites de sono. É provável que retorne mais equilibrado depois de um breve intervalo. Se o seu marido te desafia em frente aos amigos, em vez de enfrentá-lo em público, deixe o problema de lado até chegar em casa e será possível ter um resultado mais positivo.

Alguns relacionamentos precisam ser arquivados por anos. Eu tinha uma amiga com quem costumava falar todos os dias. Então, no fim dos nossos vinte anos, algo mudou. O que costumava ser uma amizade tranquila e solidária, passou a ser desgastante. Percebi que, às vezes, depois que nos falávamos, me sentia julgada e incompreendida. Acontece que nossas conversas também estavam a deixando mal. Eu não fazia ideia de que, por razões próprias, ela estava com o mesmo sentimento até que, um dia, ela me ligou e revelou que "ainda queria continuar a amizade", mas que precisava de um tempo. Eu fiquei chateada, mas aliviada. Nosso relacionamento tinha ficado tóxico por muitos motivos. Continuamos nos falando ocasionalmente e, dez anos depois, voltamos a nos falar com mais frequência. Por conta desse intervalo, conseguimos sustentar o relacionamento durante décadas. E, embora não estejamos inseridas no cotidiano uma da outra, estamos presentes nos momentos mais importantes, e ela continua sendo uma das minhas pessoas favoritas no mundo.

Às vezes, pode não ser possível arquivar um relacionamento, mas pode ser possível traçar limites em torno da frequência, das situações e dos assuntos das interações. Limites são necessários em todos os aspectos de nossas vidas e não há nada de errado em traçá-los quando surge a necessidade. Por exemplo, quando você é jovem, muitas vezes sente vontade de sair com seus amigos do trabalho muitas noites na semana. Porém, em certo momento, por vários motivos (casamentos, bebês, políticas, aulas de ioga), suas necessidades e desejos podem mudar. Você ainda pode gostar muito de sair com seus amigos do trabalho, mas, se sente um grande esgotamento emocional toda vez que sai para beber com eles, talvez seja hora de mudar. Pense em definir limites em torno da frequência, quais noites, até que horas ficará fora ou diminuir o conteúdo que compartilha com eles quando se tratar de suas opiniões sobre política de trabalho, seus relacionamentos pessoais ou qualquer outro assunto que seja melhor ser deixado para compartilhar com um grupo diferente de amigos ou guardar para si mesmo. Ao todo, "arquivar" partes de uma dinâmica é uma ótima maneira de continuar um relacionamento sem sentir ou agir com falsidade.

Quando, de certa maneira, você ainda ama as pessoas que entraram na sua vida porque seus filhos têm a mesma idade, as suas amigas "mães", mas as crianças ficaram mais velhas e não possuem mais tanto em comum, é possível sentir que alguns relacionamentos não são mais tão agradáveis quanto antes. Em vez de declarar (para você mesma e para outros) que não são mais amigas estabelecendo limites, pode simplesmente dar um tempo negando gentilmente participar de duas ou três reuniões. Se tiver sorte, a vida é longa e poucas coisas são tão ricas e gratificantes quanto uma conexão social duradoura. Mesmo quando perceber que não tem mais tanto assunto como quando estavam todas entusiasmadas e exaustas por seus queridos anjinhos, ainda pode haver um laço que vale a pena manter.

Às vezes, a melhor resposta é não responder

Tenho uma prima que postava piadas no Facebook e aparecia na minha linha do tempo todos os dias. A maioria das piadas eram memes políticos que ela achava "uma bobagem", mas eu achava ofensivos e rudes. Amo muito a minha prima e não queria terminar o nosso relacionamento... embora também não precisasse acordar todos os dias lendo algo que achava ser detestável.

Então, consegue adivinhar como lidei com essa situação? Desfiz a amizade? Bloqueei ela? Liguei e falei o que pensava?

Sabia que terminar nosso relacionamento não era a opção certa. Minha prima demonstrou apoio de maneiras grandes e pequenas durante toda a minha vida. Quando eu era criança, me levava para o cinema com os namorados dela; depois que me mudei para a faculdade, ela me enviava presentes. Nós tínhamos os mesmos avós, passamos os Natais e centenas de jantares em família juntas. Embora os memes não parecessem de bom-tom e até mesmo desagradáveis para mim, fiz um levantamento da situação completa e reconheci que minha maneira de pensar pode parecer moralista, condescendente e equivocada para ela. Depois de idas e vindas, decidi apertar o botão de "dar um tempo" no Facebook. Para mim, foi a decisão correta.

Porém, meu erro foi ter ligado para ela para deixá-la ciente do que eu havia feito.

Resumindo, nossa conversa não terminou bem. Onde eu estava com a cabeça? Havia agonizado sobre como reagir da maneira correta, só para ligar desnecessariamente para avisá-la, com alegria, que estávamos dando um tempo. Nós morávamos longe uma da outra, então era fácil não nos falarmos pessoalmente durante meses. Pensando bem, fazer uma pausa era o correto a se fazer, mas anunciar isso não era.

Felizmente, quando nos encontramos da próxima vez, conversamos para tranquilizar nossa dinâmica e entender que, embora nunca fôssemos chegar em um consenso sobre os memes, ainda nos amávamos e queríamos fazer parte da vida da outra. Se eu a tivesse "silenciado" discretamente, ela não teria percebido, eu não teria visto os memes chatos e poderíamos ter sido poupadas de uma conversa inútil e desagradável.

Pensando bem, priorizando a totalidade do relacionamento rico e multifacetado com a minha prima, eu poderia ter colocado o meu desconforto sobre suas postagens no Facebook em perspectiva. Priorizar o meu amor por ela em vez da nossa discussão teria sido uma escolha melhor desde o começo. Com o passar do tempo, nossas diferenças políticas provavelmente teriam desaparecido. Há um enorme poder em se afastar de um ciclo de discussão sem sentido e muito menos em aumentá-lo.

Como demonstrado no meu exemplo com a minha prima que ama memes, o mundo da internet introduziu um grande campo minado de conflitos interpessoais.

O arquivamento é uma dança que pode manter o coração de todos alegre e sentindo a conexão duradoura. Ao fazer o arquivamento, se você for claro e gentil, é provável que obtenha os melhores resultados. A seguir, algumas declarações iniciais que você pode considerar quando quiser arquivar um relacionamento ou outros compromissos, mas não quer dar um perdido em alguém:

1. "Me importo muito com você e com o nosso relacionamento, mas a nossa dinâmica atual não está funcionando para mim."
2. "Essa empresa é muito importante e eu a amo, mas não tenho certeza se essa posição é certa para mim no momento."
3. "Sou muito grato pelo convite, mas estou exausto e precisarei recusar."
4. "Agradeço muito por tudo o que você fez por mim/me ensinou/me deu e espero um dia poder retribuir."
5. "Fica para a próxima. Convide-me novamente!"

Agora, tente:

Escreva uma situação que faz você se sentir preso, encurralado ou infeliz. Anote o nome da pessoa com quem você falará sobre o arquivamento e considere como arquivar a dinâmica com cuidado para que a porta continue aberta para depois. Crie frases que demonstrem gratidão e deixe opções abertas para um maior envolvimento futuramente.

Os limites libertarão você

Sally, uma professora, fez o possível para ser tudo para todos. Ela fazia de tudo para agradar o marido, os filhos e os amigos. No trabalho, era a segunda ou terceira a chegar todas as manhãs, logo depois do diretor e do zelador. Sally era presidente de vários comitês na escola, e no grupo dos amigos estava sempre disponível para todos. Esse jeito de ser funcionou por muito tempo, até que ela notou que estava com dificuldades para dormir e se sentindo esgotada.

Além disso, Sally sempre sonhou em escrever um livro de receita para crianças. Ela havia estabelecido a meta de publicar o livro até os trinta e cinco anos, mas a vida sempre atrapalhava. Sally sentia que sempre deixava de lado a "fantasia" de escrever um livro para atender outras pessoas. Mas o mais perturbador disso tudo foi perceber que estava cada vez mais irritada com as pessoas que mais amava. Ela havia passado a vida inteira apoiando os outros de maneiras emocionais, físicas e financeiras e, embora essa abordagem não estivesse mais funcionando, ela apenas não tinha a lucidez de perceber o quanto estava exausta. Sally estava tão envolvida com tantas pessoas e responsabilidades diferentes que não notou que não estava cuidando emocionalmente ou fisicamente de si mesma. Ainda se vestia bem e parecia elegante como sempre. Sua casa estava impecável e o calendário do Google estava em perfeita sincronia com o Calendly e o Zoom, mas ela ainda sentia que a vida estava saindo dos trilhos.

Sally estava começando a ficar irritada com os filhos e com o marido. Ela me contou que recentemente havia perdido a paciência com o marido. Ao chegar em casa após o trabalho, encontrou a cama desarrumada pela enésima vez e explodiu com ele: "Eu estou sempre me doando e você sempre tomando cada vez mais, não aguento mais." O marido ficou perplexo, e Sally, incrédula por ele não ver o que fez de errado. Eles não se falaram por vários dias.

Mesmo assim, apesar de todos esses sinais, precisou de uma grande discussão com uma amiga de longa data que ela amava muito para Sally perceber que algo estava errado. Pela primeira vez em trinta e oito anos de vida, reconheceu que algo na maneira como estava vivendo precisava mudar ou seus relacionamentos, sua saúde e o seu bem-estar mental sofreriam. Sally precisava descansar, mas não sabia como abrir um espaço para si mesma. Ela havia se esforçado tanto que não tinha mais nada para dar. Dizer sim o tempo todo tinha se tornado um tipo de maldição. Para começar a se sentir melhor, Sally precisava começar a reconhecer seus próprios limites e desejos.

Quando você começa a identificar os limites emocionais nos relacionamentos, em especial observando obrigações e relacionamentos que drenam sua energia, pode enxergar de maneira ainda mais clara onde é cúmplice no conflito em sua vida. Uma visão mais nítida dessa cumplicidade permite que você trace limites mais nítidos, o que, por sua vez, permite que o lado positivo da vida se acentue, que você tenha conversas mais produtivas e entre em um espaço mais pacífico, mesmo quando as obrigações e os relacionamentos com pessoas queridas não estejam fazendo bem no momento.

Limites nítidos são essenciais para relacionamentos saudáveis em casa, no trabalho e na internet. Eles podem ser estabelecidos de várias maneiras. Neste capítulo, exploraremos o valor de dizer não; arquivar relacionamentos, conversas ou atividades que não são úteis para você; e criar ambientes seguros de refúgio para garantir que os limites sejam respeitados. Observe que, nos casos em que tivemos um precedente ruim por não estabelecer limites sólidos, muitas vezes ainda é possível salvar o relacionamento impondo um limite na dinâmica em qualquer momento durante um conflito. Nunca é tarde para mudar a sua dinâmica, por mais difícil que pareça. À medida que avançamos no capítulo, lembre-se de que a mudança é feita com o tempo e sempre precisamos verificar com nós mesmos para garantir que não estamos voltando aos velhos hábitos. Mesmo se estiver se sentindo sem esperanças, ao continuar a praticar estabelecer e manter limites, notará que você tem o imenso poder de mudar o seu relacionamento com o mundo ao seu redor, mesmo que seja o único ciente de que as mudanças estão acontecendo. As suas novas maneiras provocarão uma resposta diferente e mais benéfica daqueles ao seu redor. Dito isso, seja paciente com você mesmo, pois haverá uma curva de crescimento à medida que a sua evolução em termos de definir limites surgir.

Sally tinha alguns obstáculos para superar. Em primeiro lugar, ela precisou entender que estava acomodada demais e que poderia começar a recuperar o equilíbrio em sua vida e em seus relacionamentos apenas dizendo não.[i] Em segundo lugar, precisava reconhecer que tinha o poder de dizer não e que o mundo não iria desmoronar se ela começasse a proteger seu tempo e espaço.[ii] E, em terceiro lugar, precisava aprender *como* dizer não, mesmo que fosse um pouco desconfortável, sem causar danos aos relacionamentos ou se sentir muito culpada.

O poder do não

"Não" é uma das minhas palavras favoritas. Sei a sorte que eu tenho por ela ser tão acessível para mim porque vejo tantas pessoas lutando até mesmo para se permitirem *pensar* nela, quanto mais dizê-la. Muitas pessoas, especialmente mulheres, são educadas para pensar que precisam ser complacentes e que dizer não para qualquer pedido é uma atitude egoísta ou até mesmo cruel. Porém, dizer sim o tempo todo é um desserviço tanto para você quanto para os seus relacionamentos. Se não por outro motivo, sempre dizer sim nos deixa exaustos e inúteis. E, na pior das hipóteses, nos mantém por muito tempo em relacionamentos sem autenticidade e em situações prejudiciais.

Sally tinha o hábito de dizer sim na maior parte do tempo. Ela era uma pessoa naturalmente agradável e ficava feliz em ajudar, mas gostaria de ter dito não em alguns momentos para evitar um compromisso que ela era complacente demais para recusar. Sally tinha o hábito reflexivo de ser agradável e, por um bom tempo, essa tendência foi útil. Mas agora, suas maneiras complacentes estavam causando danos tanto ao seu bem-estar quanto aos seus relacionamentos. Ela sabia que alguma coisa precisava mudar.

Sally não precisava mudar sua personalidade inteira; só precisava fazer alguns pequenos ajustes em como administrava seu relacionamento com o mundo ao redor. Dizer não era o primeiro passo. Em vez de fazer mais do que deveria para manter a casa organizada e limpa e para levar os filhos aos lugares, ela podia começar a deixar que outras pessoas (incluindo o marido) ajudassem. Sally gostava de chegar cedo ao trabalho para organizar seu dia, mas isso pode ter aberto oportunidades de ser arrastada para tarefas indesejáveis. Ela disse sim para todos os convites para comitês, todos os planos sociais e, geralmente, qualquer pedido feito por quem quer que fosse para qualquer coisa. Ela estava tão ocupada agradando a todos que não abriu um espaço para cuidar de si mesma de modo emocional, físico e espiritual.

Reservar um tempo para cuidar de si mesma era essencial. Sally não tinha tempo para fazer exercícios, ler, escrever seu livro de receitas, cuidar do jardim ou meditar, e isso a deixou esgotada, magoada e irritada. Seus relacionamentos sofreram como resultado. Depois que refletiu sobre como estava gastando seu tempo e sua energia e esclareceu o fato de que ela fazia parte do problema, Sally começou a ouvir suas necessidades.

Traçando maiores limites, Sally poderia dar a si mesma a oportunidade de melhorar seu bem-estar e os relacionamentos com outros. Ao dizer não, poderia ter mais tempo para buscar seus desejos, o que lhe daria mais energia para dedicar às pessoas e causas que importavam para ela. Sally foi capaz de criar o espaço necessário para "recarregar" para que não ficasse cansada, frustrada e sem energia para nada, traçando limites mais firmes em relação a certos aspectos de seus relacionamentos que poderiam estar contribuindo com o conflito.

Quando identificou o porquê, que era o desejo de ser necessária para outros, conseguiu priorizar quais pessoas e atividades eram realmente importantes. Sally traçou limites em relação ao que era útil e arquivou o resto. Ela aprendeu a traçar limites mais firmes dizendo não; logo, começou a sentir-se menos sobrecarregada. Apenas se afastando de vários comitês dispensáveis, arquivou os compromissos que não eram úteis e conseguiu descansar e ser mais produtiva nas áreas importantes para *ela*.

Quando Sally estava aprendendo a abrir um espaço para si, algumas pessoas, que se acostumaram a esperar que ela concordasse com todas as solicitações, às vezes se ofendiam quando ela dizia não. Em mais de uma ocasião, Tara, amiga de Sally, comentou que ela "não precisava ser grossa." Depois, no Dia de Ação de Graças, a irmã de Sally a chamou em um canto, perguntou se estava tudo bem e por que ela estava tão estranha ultimamente. Com algumas conversas, Sally descobriu que, na tentativa de criar nichos para o "tempo sozinha", tanto de maneira mental quanto física, ela estava começando a ofender as pessoas sem querer. O objetivo de Sally não era se afastar dos outros, era se reconectar consigo mesma. Sally queria sentir que sua vida consistia em uma série de escolhas em vez de uma lista de afazeres que foram empurrados para ela. Felizmente, com alguns ajustes em seu estilo e aceitando o "não positivo", que vamos abordar em breve, ela conseguiu estabelecer limites pessoais sem cortar laços.

Sally precisou aprender a traçar limites de uma maneira que reconhecesse que estava mudando as regras do relacionamento no meio do caminho. As pessoas que ela conhecera, trabalhara e morara, algumas durante a maior parte de sua vida, esperavam que Sally fosse complacente de um modo previsível. Agora que ela estava agindo diferente, mais independente e até mesmo rebelde, algumas pessoas ficaram confusas e outras com raiva. Até ela e o marido passaram por um período de adaptação, mas, com o tempo, eles se resolveram com a habilidade recém-descoberta de autorrepresentação de Sally — apenas dizendo não.

Ter um conjunto firme de limites é uma das maneiras mais eficazes de construir melhores relacionamentos. Assim como precisamos de oxigênio para respirar, os relacionamentos precisam de um pequeno espaço para prosperar — e um pouco mais de ar muitas vezes pode permitir que um relacionamento complexo seja corrigido. Ao criar limites, abrimos um espaço para os relacionamentos respirarem até que o conflito seja resolvido.

Se você se identificou com os problemas de Sally, não é o único.

Muitas pessoas têm dificuldade em dizer não. Assim como Sally, queremos ser vistos como pessoas agradáveis ou que vestem a camisa. Talvez você tenha sido criado para acreditar que, se disser não, será visto como uma pessoa difícil ou egoísta. Talvez tenha recebido mensagens políticas e culturais dizendo que o não é algo perigoso. Você pode ter medo de ficar de fora e sentir que, se não participar de um evento, vai perder alguma coisa e provavelmente se arrepender de não ter ido. Talvez você diga sim para tudo que seus amigos pedem porque realmente quer apoiar aqueles que são importantes para você. E talvez diga sim porque se vê como uma pessoa "boa" ou "legal", e não "demonstrar apoio" pode parecer "ruim."

É claro que dizer sim, continuar em uma conversa desagradável ou apenas "demonstrar apoio", mesmo quando não quer, às vezes é algo necessário. Porém, se não tiver cuidado, a sua energia pode se esgotar rapidamente por conta de limites permeáveis e você pode ficar rancoroso ou sentir-se explorado.[iii] Às vezes, para dizer sim para si mesmo, você precisa dizer não para outra pessoa.

É muito bom ser uma pessoa complacente, mas sem saber os seus limites pessoais, há um risco de se sentir exausto, vazio e ressentido. Por exemplo, quando oferece seu tempo para outras pessoas em detrimento do cumprimento das suas responsabilidades, você arrisca perder prazos e ser visto como uma pessoa não confiável. Você pode acabar irritado e sobrecarregado com o sentimento de que está vivendo a sua vida com base no cronograma de outras pessoas. Você também arrisca sentir-se esgotado, preocupado e deixar suas metas pessoais incompletas. Quando concorda em comprar coisas que não pode pagar, você arrisca não conseguir pagar as contas (além de provavelmente colocar o seu crédito em risco)!

Assim como Sally, sempre dizer sim pode causar ansiedade, frustração e irritação em você e em outras pessoas ao seu redor. Por mais contraditório que pareça, rejeitar pessoas, planos e oportunidades às vezes pode melhorar o relacionamento com você mesmo e com outros.

O não positivo em ação

Kevin tinha o hábito de manter relacionamentos por tempo demais. Ele teve três relacionamentos duradouros antes de pedir a namorada em casamento aos vinte e sete anos porque não queria desapontá-la. Dois anos depois, logo após a esposa começar a falar sobre ter filhos, eu o ajudei com o divórcio. Como parte do nosso trabalho juntos, falamos muito sobre maneiras de dizer não sem magoar os sentimentos de outra pessoa.

Aprender a dizer não pode ser difícil, mas é uma habilidade essencial e para a vida toda.[IV] Em muitas situações, um simples não é o bastante, porém, às vezes, seja porque você está mudando um padrão já estabelecido ou realmente quer deixar a questão para o futuro, maiores explicações são apropriadas. Um não positivo é uma maneira de traçar limites sem causar danos, mas pode exigir prática. Quando não temos o costume, dizer não pode ser difícil. E, por outro lado, também podemos exagerar. Isso é normal, pois há uma tendência natural de exagerar nos limites quando fazemos com uma abordagem de tudo ou nada.

Lembre-se de Sally da seção anterior. À medida que traçou limites mais firmes, ficou mais confortável dizendo não e tornou-se mais adepta a fazer isso de maneira mais leve e menos agressiva. Quando desenvolvemos uma abordagem diferenciada para traçar limites, os relacionamentos melhoram. Há um grande poder em um não positivo porque abre caminho para um sim verdadeiro no futuro.[v]

Além disso, uma das razões pelas quais Kevin mantinha relacionamentos por tanto tempo é porque nunca conseguia descobrir uma estratégia de saída além de apenas sumir, o que parecia insensível. Então, em vez disso, continuava até que circunstâncias fora de seu controle levassem o relacionamento a um fim natural. Kevin ficou com a namorada do ensino médio até irem para faculdades em lugares opostos do país. Na faculdade, conheceu a segunda namorada... se apaixonou e desapaixonou. Mas, embora não estivesse mais interessado no relacionamento, continuou com a namorada até ela se mudar para fora do país para buscar uma carreira no cinema.

Quando ele conheceu a terceira namorada, dessa vez a "vida" não interveio e acabou se casando com ela apenas porque achava que era a única escolha decente que tinha. Foi preciso um divórcio para entender que noivar ou sumir não eram as duas únicas opções. Ele podia terminar um relacionamento de uma maneira gentil e clara ao ir embora antes de perder o controle.

Da mesma forma, você pode considerar fazer uma lista de como dizer não de modo gentil. Encontre maneiras que sejam verdadeiras para *você*. Kevin aprendeu a dizer coisas como: "Eu não posso mesmo estar disponível emocionalmente do jeito que você merece nesse momento" e "Você é incrível e linda, e eu sei que não sou a pessoa certa para você." Talvez não pareça gentil à primeira vista, mas, no fim, foi verdadeiro e permitiu que ele e a potencial namorada desapontada se abrissem para encontrar um par melhor.

Alguns exemplos de maneiras para formular um não positivo:

- "Eu adoraria ajudar, mas não posso fazer isso agora."
- "Provavelmente não sou a pessoa certa para ajudá-lo com isso."
- "Sim, é uma boa ideia, e talvez essa (indique outra opção) funcione."
- "Não posso fazer isso no momento."

Seja criativo e faça você mesmo! Lembre-se de que um não positivo é firme, claro e oferece uma alternativa, explicação ou promessa positiva para o futuro (mas só prometa se tiver a intenção de cumprir!). Experimente-as e veja como cada declaração se sai dizendo para um amigo ou parceiro como prática. Se criar o hábito de praticar maneiras de dizer não durante o seu cotidiano, elas estarão mais acessíveis quando estiver se sentindo pressionado a dizer sim quando realmente não quer. Essa é uma ótima forma de construir relacionamentos mais saudáveis e para você se sentir melhor. E lembre-se: "não" pode ser uma frase completa.

O quanto seus limites são firmes?

Você é o tipo de pessoa que não consegue dizer não? Passa muito tempo com pessoas que lhe deixam esgotado ou se envolve em atividades que preferiria evitar? Se perceber que está sempre sem tempo, frustrado e ressentido com as pessoas ao seu redor e constantemente exausto, é provável que precise ajustar seus limites. Se passou a vida inteira ocupado com as agendas, os problemas e os cronogramas de outras pessoas, estabelecer limites pode fazer você se sentir culpado no começo. Mas essa culpa desaparecerá quando você começar a cuidar melhor das suas próprias necessidades. Você pode ficar preocupado que dizer não vai provocar mais conflitos do que corrigir, mas, a longo prazo, estabelecer limites mais claros o ajudará a desenvolver relacionamentos mais autênticos e verdadeiros dentro de espaços emocionalmente seguros.

Exercício para limites mais firmes

Complete este exercício para avaliar a firmeza dos seus limites e onde pode haver espaço para melhorias na definição e comunicação.

Avalie-se de 0 a 5 para cada uma das 25 afirmações (0= nunca, 5= sempre)

- Eu faço o que for necessário para ajudar os outros.
- Sinto que as pessoas que eu amo se aproveitam de mim.
- Coloco as necessidades de outras pessoas acima das minhas.
- Se eu disser não, vou desapontar outras pessoas.
- Coloco as minhas necessidades acima das dos outros.
- Muitas vezes não me defendo e acabo me sentindo frustrado.
- Acho difícil tomar decisões.
- Se eu disser não, as pessoas vão achar que sou egoísta.
- Pessoas boas são prestativas.
- Mantenho relacionamentos por mais tempo do que deveria.
- Sinto-me culpado ao dizer não.
- Sinto um pouco de irritação com a falta de respeito dos outros por mim.

- Sinto culpa quando tiro um tempo para mim. Tempo para mim? O que é isso?
- Muitas vezes acho que sou a vítima.
- Geralmente acho que as necessidades de outras pessoas tomam muito do meu tempo.
- Preocupo-me muito com o que os outros pensam de mim.
- Automaticamente acredito que as críticas das outras pessoas são verdadeiras.
- Digo sim mesmo quando não gostaria porque não quero decepcionar.
- Fico magoado com outras pessoas por serem exigentes ou por não terem consideração.
- Muitas vezes fico estressado e sobrecarregado com a dor de outros.
- Tenho medo de decepcionar outras pessoas.
- Ajudar os outros é a minha maior recompensa.
- Não tenho tempo para me exercitar.

Classifique-se de zero a cinco. Quanto mais alto pontuar, mais você pode se beneficiar de um reajuste de limites. Lembre-se, você é um melhor parceiro, amigo, pai, colega de trabalho e vizinho quando se sente melhor. Melhores limites oferecem o espaço emocional e temporal tão necessários para recarregar e estar completamente presente na sua vida.

Exercício para "recarregar" os limites

Se você não tem certeza se seus limites são saudáveis ou se acha que um ajuste pode ser útil, agora é um ótimo momento para recarregar suas energias de autocuidado.

Em primeiro lugar, faça uma lista com todas as pessoas com quem você gosta de passar um tempo e com todas as coisas que você quer fazer. Esforce-se para pensar em pelo menos dez pessoas e coisas, mas a lista pode ser tão longa quanto desejar.

Faça uma segunda lista com o que você anda gastando o seu tempo. Pense em quais desses compromissos estão recarregando suas energia e quais estão descarregando.

Reserve um espaço no seu cronograma para passar pelo menos uma hora por dia fazendo uma das dez coisas que fazem você se sentir bem e comprometa-se a passar um tempo com uma pessoa agradável todos os dias. Torne uma prioridade manter esses compromissos com você mesmo. Eliminar atividades desnecessárias que estão causando estresse ou não estejam enchendo você de energia positiva é uma ótima maneira de criar o tempo necessário.

Então, várias vezes ao longo de cada dia, observe como e quando o seu humor ou perspectiva muda. Escreva em seu caderno com quem você está no momento, o que está acontecendo e se o seu humor melhora ou piora. É melhor se você fizer isso durante semanas para que consiga identificar os padrões de como se sente em situações específicas. Se perceber que estar com certos amigos faz você ficar ansioso, tente passar menos tempo com eles, mais com outros ou mais com você mesmo. O objetivo é encontrar soluções saudáveis para recarregar sua bateria. Talvez você tenha um parente que ama muito, mas só consegue lidar com ele em pequenas doses. Pense em participar de um jantar ou passar uma noite juntos em vez de férias de uma semana. Nem sempre precisamos nos afastar das pessoas ou parar de participar completamente das atividades para colher os benefícios de traçar limites — apenas reduzir o tempo gasto com pessoas cansativas ou atividades desagradáveis pode fazer uma diferença positiva.

Revise a lista de pessoas e atividades que recarregam suas energias todos os dias e adicione ou exclua itens conforme necessário. Certifique de se oferecer pelo menos um pouco do que está na lista todos os dias. Continue a observar ao longo do dia quais pessoas e situações trazem sentimentos positivos e negativos. Adicione as coisas positivas na sua lista de pessoas e de coisas que recarregam sua energia e limite suas interações negativas sempre que possível. Dizer não e limitar sua exposição a coisas que o deixam para baixo pode abrir mais espaço para ser preenchido com pessoas e conversas que alimentam sua energia positiva. Quando estiver recarregado, verá que é mais fácil ser menos reativo, mais receptivo e mais presente em seus relacionamentos.

Crie ambientes para refúgio

Se você está em um relacionamento que não parece seguro, emocionalmente ou de outra forma, criar um "ambiente para refúgio" pode salvar a sua vida. Um ambiente para refúgio é literalmente um lugar seguro; pode ser um local físico que leve sua energia interior para um espaço mais equilibrado, como o consultório de um terapeuta em que você e seu parceiro possam ter conversas difíceis, ou um mediador no ambiente de trabalho ou escolar com quem possa falar dos seus problemas em um local contido para que as coisas não saiam do controle. Também pode ser uma forma de comunicação que seja possível envolver-se em horários combinados. Lembre-se de colocar as suas prioridades de autocuidado no seu calendário com o mesmo nível de importância dos outros compromissos. Tire um horário para conversas de refúgio.

No contexto de um relacionamento com um parceiro ou cônjuge difícil, você pode decidir esperar para ter certas conversas até estar com um terapeuta. Se está lidando com um colega de trabalho complicado e briguento, pense em só ter conversas planejadas e quando estiver descansado e puder estar presente emocional e fisicamente. Se está em uma amizade que pretende reformular, planeje se comunicar de uma forma que seja útil para sua paz de espírito. Não deixe que o comportamento impulsivo, raivoso, ansioso ou abalado de outra pessoa tire o seu sossego. Oferecer-se um espaço seguro para lidar com conversas difíceis, esquisitas e descontroladas é uma ótima maneira de dar conta do conflito de forma construtiva. Uma terceira pessoa qualificada pode ajudá-lo a realinhar suas prioridades ou perspectivas para que você não diga ou faça coisas de que possa se arrepender depois.

Quando estamos estressados ou sobrecarregados emocionalmente, podemos dizer coisas reativas. Isso é muito provável de acontecer quando lidamos com alguém cujo estilo de comunicação parece uma metralhadora de informações. Quando estava litigando, ouvia os clientes reclamando com frequência sobre receber e-mails dos ex-cônjuges enquanto estavam no trabalho. Eles achavam a hora da comunicação sufocante e intrusiva, tornando difícil para eles se concentrarem no trabalho. Descobri que, ao criar um espaço seguro para essas conversas, simplesmente organizando meios de comunicação alternativos e mais controlados (seja em um endereço de e-mail diferente ou por meio de um aplicativo que pudesse ser mantido fechado durante o horário de trabalho), a informação poderia ser compartilhada sem afetar negativamente o dia do destinatário.

Os limites de Hillary e Simone

Se Hillary tivesse limites mais firmes e exercitasse a capacidade de dizer não, as coisas poderiam ter sido muito diferentes. Parando para pensar sobre o que realmente queria antes de dizer sim de maneira imprudente para assinar um contrato que tinha um compromisso financeiro maior com Simone, muita mágoa poderia ter sido evitada. Hillary estava tão habituada a agradar outras pessoas que quase nunca dizia não, especialmente para Simone. Então, quando foi pressionada, sentiu que a amiga tirou proveito dela e ficou com raiva. Simone pode ter sido um pouco apressada, mas foi clara ao articular seus desejos. Nesse caso, em termos de limites, a responsabilidade era, em grande parte, de Hillary. Por outro lado, dada a amizade de longa data, Simone poderia ter notado a tendência de Hillary em dizer sim quando queria dizer não. Nesse caso, poderia ter questionado mais a fundo antes de se permitir ficar tão envolvida emocionalmente em um compromisso que talvez devesse saber que não daria frutos.

CONCLUSÕES PRINCIPAIS

- Explore o processo contínuo entre limites permeáveis e firmes assim como o valor de fortalecer o músculo da limitação para que apoie o seu bem-estar e impulsione relacionamentos melhores e mais saudáveis. Aprender a dizer não é essencial para traçar limites.
- O autocuidado é um componente essencial para traçar limites. Use a ferramenta de avaliação de autocuidado do exercício anterior para categorizar onde deseja gastar seus recursos mentais e físicos contra onde você está realmente gastando sua energia.
- Explore o conceito de arquivar relacionamentos, conversas e interações e revisitá-las em um momento mais eficaz.
- Criar um espaço seguro em torno do seu tempo e energia também pode criar uma rota para o seu sucesso pessoal, dar espaço para seus relacionamentos respirarem e abrir caminho para interações menos conflituosas.

CAPÍTULO SETE
A atitude defensiva é inimiga da resolução

É mais provável que tenhamos pensamentos negativos quando estamos em conflito com alguém do que quando estamos bem. A narrativa interior determina como nos sentimos o tempo todo, seja durante o conflito ou não. A sensação interna de bem-estar é derivada das centenas de pensamentos que temos a cada dia e podem ser positivos, negativos ou neutros. Depois de uma vida inteira de experiências, em conjunto ao DNA, muitos passam tempo demais com pensamentos negativos, o que resulta na atitude defensiva e interrompe a busca pela sensação de bem-estar. Esse pensamento negativo pode causar impacto em como nos relacionamos com outras pessoas e em como elas nos veem, além de nos manter presos em situações em que nos sentimos incompreendidos ou frustrados.

Angie estava estagnada no nível intermediário no trabalho e, embora fosse talentosa e trabalhadora, sentia que sempre estava em uma batalha. Às vezes, ela se perguntava se estava prestes a perder o emprego e não conseguia entender o motivo. Angie percebeu que novos empregados eram favorecidos em promoções, e ela continuava com o mesmo salário e com o mesmo título dos últimos anos. Além disso, embora houvesse opções de locais de trabalho mais próximos e ela já ocupasse uma posição de nível sênior, Angie ainda trabalhava no local em que começou, que era muito mais longe de sua casa do que gostaria. Ela sabia que suas avaliações no trabalho não eram tão fantásticas, mas acreditava que era porque Sarah, sua chefe, apenas "não gostava dela". Angie achava que era perseguida sem razão e que não havia como conseguir outro emprego.

A chefe achava que, embora os resultados de Angie no trabalho fossem de alto nível, trabalhar com ela era difícil. Angie chegava atrasada com frequência, era muito distraída e muitas vezes entregava o trabalho uma semana depois do prazo. Sarah tinha que responder aos próprios supervisores, e a péssima organização de tempo de Angie tornava seu trabalho muito mais difícil. Angie focava somente no resultado de alta qualidade enquanto culpava todos ao redor por não ser capaz de entregar as tarefas a tempo. Embora a qualidade do trabalho dela fosse excepcional (quando finalmente entregava), seu atraso criava problemas para Sarah e para os colegas de trabalho, e se recusava a aceitar a ajuda oferecida a ela pelo RH. Sarah apreciava o resultado do trabalho de Angie e sabia que levaria anos para outra pessoa adquirir o seu conhecimento institucional, mas se sentia esgotada por trabalharem juntas e cansada de suas desculpas constantes. E também estava farta de levar a culpa pelo atraso de Angie na conclusão de tarefas. As duas estiveram nesse ciclo por anos. Sarah chamava a atenção de Angie pelo atraso, e ela, por sua vez, ficava na defensiva.

E então Angie teve uma sorte inesperada quando veio a pandemia e o escritório presencial fechou. Surpreendentemente, as coisas começaram a mudar para melhor. Com duas horas extras a mais todos os dias pela perda do deslocamento, Angie não tinha mais dificuldades com a pontualidade, e Sarah estava cada vez mais satisfeita com o trabalho dela. No fim das contas, o deslocamento era muito longo, e Angie era muito distraída pelos colegas de trabalho durante todos os anos em que trabalhou presencialmente. Quando o escritório reabriu, Sarah abordou Angie e a convidou para continuar trabalhando de casa. Angie ficou extasiada. Ela descobriu que o trabalho remoto sempre foi uma opção, mas, por conta do relacionamento tóxico entre as duas, a hipótese nunca foi levantada ou considerada. Por outro lado, Sarah expressou que gostaria de ter pensado em oferecer essa opção anos antes, mas nunca passou por sua cabeça.

Angie e Sarah estavam tão presas na atitude defensiva que nunca tiveram o espaço ou a oportunidade de encontrar uma resolução para o problema. Angie estava com raiva por ser tratada tão mal, como evidenciado pelo local de seu escritório, apesar de ser veterana na empresa. Sarah estava irritada com o desleixo de Angie em entregar o trabalho no prazo. Nenhuma das duas estava focada nas características positivas da outra ou quais benefícios a outra trazia. Elas estavam com raiva e se concentraram apenas em como se sentiam desrespeitadas.

Quando estamos em conflito, o calor das emoções interfere nas habilidades reflexivas.[i] Nos prendemos na nossa versão da história, quando, na verdade, para alcançar a resolução, precisamos sempre acessar o espaço neutro e tentar nos colocar no lugar da outra pessoa. Quando fazemos isso, é mais provável que cheguemos em um resultado razoável que atenda as necessidades e os pontos de vista de todos. Quanto mais sobrecarregados emocionalmente estamos, mais propensos somos a teimar e repetir os mesmos padrões negativos. Sarah e Angie passaram anos presas na tendência muito natural de permanecer no ciclo ofensivo/defensivo — o ciclo do "não entendo como você conseguiu estragar isso" e "você é uma chefe ruim". Antes de conseguirem melhorar o relacionamento, elas precisaram se afastar dessas reações emocionais e abrir um espaço para que as duas processassem os sentimentos de uma maneira diferente.

Responda, não reaja

Para desenvolver a sua autoconsciência e melhorar a capacidade de ficar menos na defensiva, é importante entender a diferença entre reatividade e responsividade. A reatividade é a resposta emocional e visceral a um problema — é a resposta mais rápida e impulsiva que emitimos quando somos pressionados. Embora uma resposta impulsiva às vezes também seja a melhor opção, geralmente é aquela que gostaríamos de poder retratar. O problema com a reatividade é que é um ato impulsivo baseado na emoção do momento.

Quando somos reativos, deixamos de prever os efeitos a longo prazo em um relacionamento, e as respostas emocionalmente carregadas podem causar danos irreparáveis. Não faltam maneiras de causar danos a um relacionamento por conta da reatividade. Quando somos reativos, ficamos propensos a fazer e dizer coisas que não serão úteis para nós ou para as dinâmicas interpessoais. Por exemplo, quando interrompemos abruptamente uma conversa desagradável, é provável que criemos mais drama e ressentimento. Quando enviamos um e-mail raivoso no calor do momento, é provável que digamos coisas das quais nos arrependeremos. Quando estamos no meio de uma discussão com os pais, parceiros ou filhos, é mais provável que digamos coisas que não queremos. A melhor solução é tirar um momento quando estiver se sentindo agitado para que possa conter suas emoções, organizar seus pensamentos e, em vez de ser reativo, agir de forma responsiva.

Enquanto a reatividade pode ser impulsiva, a *responsividade*, ao contrário, é uma ação pensada que considera com calma e cuidado as implicações a longo prazo. Neste capítulo, vamos falar sobre receber e responder, mas não reagir, nem mesmo às pessoas e situações mais provocantes.

Verifique a sua temperatura defensiva

Muitas vezes, a resposta ao momento é uma reação defensiva aos sentimentos de vergonha. Muito parecida com a raiva, a atitude defensiva vem da tendência natural de se proteger das informações que entendemos como ameaças ao bem-estar. Ela ajuda a preservar pelo menos a autoestima aparente — e, mesmo assim, obriga a começar acusações e a se envolver no sempre popular jogo da culpa. O que é especialmente traiçoeiro nessa atitude é que, quando estamos no meio de um conflito, muitas vezes não percebemos que estamos agindo na defensiva.[ii] A atitude defensiva é um comportamento aprendido que pode ser desaprendido, então não se desespere. Você pode não ter certeza se está na defensiva. A seguir, uma pequena lista para você dar uma olhada.

Pense se você se envolve em qualquer um dos seguintes comportamentos ou padrões de pensamento quando sente que foi criticado:

- Tenta justificar suas ações.
- Culpa a outra pessoa pela crítica que ela está fazendo a você.
- Para de ouvir a outra pessoa.
- Acusa a outra pessoa de fazer o mesmo.
- Diz para a outra pessoa que ela não deveria sentir o que sente.
- Sente que você está sempre sendo atacado.
- Traz situações passadas à tona quando fala sobre a situação atual.

Se você achar que está na defensiva, peça a si mesmo para dar um passo para trás e analisar o que está acontecendo emocionalmente com você quando se sente acuado. É muito difícil ser vulnerável consigo mesmo, mas, assumindo a própria vergonha, você pode começar a mudar como responde às pessoas ao redor.

Culpa, vergonha e atitude defensiva

Vamos observar como a atitude defensiva natural e instintiva pode ser ardilosa e explorar como muitas vezes ela leva você a entrar em uma espiral de culpa e vergonha quando está em conflito. A culpa e a vergonha andam de mãos dadas. Em vez de se forçar a reconhecer sua possível cumplicidade ou culpabilidade em qualquer situação específica, a culpa te permite externalizar tudo o que está acontecendo como se tivesse acontecido contigo. Culpar outras pessoas é uma forma de atitude defensiva.[iii]

Observe um exemplo de como isso pode acontecer. Frank, o marido de Marla, está três minutos atrasado para a terapia de casal. Marla, constrangida por ele não ter chegado, envia uma mensagem de texto para Frank para saber onde está, se desculpando com o terapeuta e dizendo que o marido deve estar a caminho. Depois de passar três minutos sem resposta, Marla liga para Frank três vezes seguidas. Frank ignora as duas primeiras ligações. Na terceira, ele atende e imediatamente fica irritado por ela ter interrompido uma reunião importante do trabalho. Marla fica frustrada por estar sendo culpada pela incapacidade dele de não ir para a consulta e por ele não checar as mensagens. O terapeuta pergunta para Marla se Frank vai se desculpar por não ter comparecido e por ser reativo. Ela sorri, dizendo que as coisas não funcionam assim na casa deles. Mais tarde, Frank está irritado com o fato de Marla ter ligado tantas vezes seguidas quando ele especificamente pediu para que não ligasse mais de uma vez todos os dias. Parte do motivo pelo qual eles estão na terapia de casal em primeiro lugar é, da perspectiva de Marla, porque Frank é desligado, reativo e "gosta de colocar a culpa nos outros".

Em vez de se desculpar com Marla por seu comportamento e recebê-la com mais calma e carinho, Frank fica ainda mais irritado e diz severamente para ela *nunca* mais fazer isso. Ela promete que não vai. Embora possa parecer que Frank está conseguindo o que quer no momento, ele afastou Marla emocionalmente, o que, no fim, não é vantagem para ninguém. A atitude defensiva impede o progresso.

Pessoas constrangidas tendem a internalizar e personalizar tudo que acontece com elas. A vergonha normalmente resulta em ataques a si mesmo ou aos outros.[iv] Frank não é uma pessoa ruim. Ele só sente muita vergonha e tem a necessidade de culpar outras pessoas para manter o próprio ego intacto.[v] Quando sentimos vergonha (sentimentos ruins internalizados), sentimos dor, e somos capazes de fazer qualquer coisa para acabar com ela. Frank se sentiu mal por ter perdido a sessão. Ele também se sentiu mal consigo mesmo por ter ficado desestabilizado com tanta facilidade pelas ligações da esposa durante o dia. Frank havia internalizado a vergonha por sua grande tendência em ser facilmente atrapalhado ou distraído quando está concentrado em alguma coisa. Em vez de abordar o histórico doloroso de constrangimento, Frank protegeu o próprio ego e direcionou as emoções para Marla. Culpar outra pessoa por uma falha própria ou por um resultado ou consequência indesejável pode ser útil como uma libertação a curto prazo.[vi] O problema é que culpar os outros por suas ações ou omissões só vai aumentar a tensão e impedir que você tenha relacionamentos profundos ou até mesmo interações positivas com outras pessoas, causando assim um constrangimento maior a longo prazo.

Interrompendo o ciclo de vergonha e culpa

No entanto, nem tudo está perdido, pois existem maneiras simples de começar a quebrar o ciclo de vergonha e culpa. O primeiro passo é tirar um tempo para reconhecer quando está acontecendo. Como aprendemos no capítulo 1, muitas vezes somos mais cúmplices na criação dos problemas do que percebemos inicialmente. A boa notícia é que, se você teve o poder de criar um problema no passado, possui o mesmo poder de evitar que o problema aconteça no futuro. Da próxima vez que perceber que está na defensiva, pare um momento para se perguntar se está se sentindo atacado. Observe por quem se sente atacado e reflita o *porquê* do suposto agressor.

Agatha e os pais costumavam ter grandes discussões sobre as ideias dela em relação a casamento e família. Ela e o namorado estavam morando juntos sem nenhum plano aparente de se casarem, e os pais muito tradicionais estavam decepcionados e preocupados com o futuro da filha. Eles ficaram no mesmo ciclo por um bom tempo, com Agatha tentando justificar suas escolhas e explicando seus motivos para os pais. A discussão nunca dava em nada e, com o tempo, esse ciclo corroeu o relacionamento entre eles.

Agatha ficou tão triste que começou a se afastar dos pais, que amava muito. Porém, arquivando a conversa temporariamente e respirando fundo e com calma, ela reconheceu que estava pedindo para os pais aceitarem algo que era constrangedor para eles (a vergonha era o porquê deles). E, ao mesmo tempo, estava sentindo uma vergonha internalizada por desapontá-los. Então, rodaram e rodaram até que Agatha decidiu só se afastar. Depois de reservar um momento para se acalmar e considerar a opinião dos pais, ela não se rendeu e não se casou com o namorado, mas abriu um espaço para que os pais expressassem suas preocupações sem que ela cedesse ao seu próprio ciclo de vergonha/culpa/defesa. Agatha conseguiu neutralizar o conflito ao se afastar para que pudesse responder em vez de reagir na defensiva. Os pais não pararam de se preocupar com ela, mas Agatha foi capaz de evitar internalizar as preocupações deles e as interações entre os três aos poucos se tornaram menos tensas.

Quer você perceba ou não que a vergonha está em jogo, quando observa que está em um ciclo defensivo, pergunte a si mesmo se a discussão vale a pena danificar o relacionamento. Talvez seja hora de traçar limites mais firmes em torno dessa interação específica, mas "ir para a briga" pode nem sempre valer a pena.

Arquive para ter responsividade

Uma maneira de incentivar a responsividade, em vez da reatividade, é se afastar e arquivar com intenção de traçar limites — arquivar brevemente uma conversa, para que você possa fazer uma pausa tranquila no calor do momento para organizar os pensamentos, pode fazer toda a diferença na sua resposta. Antes de revidar, use o arquivamento para liberar o espaço que você pode precisar para ser mais responsivo, menos reativo e menos defensivo. Por mais simples que pareça, é uma capacidade transformadora que ajudará você a observar seus pensamentos e a praticar as habilidades de escuta das duas primeiras partes deste livro. Elas podem ser usadas para desacelerar uma situação que, de outra forma, seria um foco para o conflito. Esse processo consiste em fazer uma rápida pausa para se controlar e para lidar melhor com um problema na medida em que ele surge.

Observe um exemplo do arquivamento em ação: Arielle e Ken são pais de dois meninos em idade escolar. Depois de treze anos de casamento, eles me procuraram para que eu mediasse uma separação experimental durante a pandemia de COVID-19. Arielle achava que Ken era autoritário e difícil de lidar. Ken achava que Arielle era controladora e reativa. Normalmente, eu teria trabalhado com os dois para descobrir uma estratégia de moradia, um planejamento parental, fazer organizações financeiras e faria o possível para mantê-los longe do tribunal. Porém, por conta da pandemia, Arielle e Ken não estavam em uma posição em que um dos dois podia sair de casa. Tivemos que montar estratégias criativas para que eles pudessem viver em paz durante aquela época incerta.

Com Ken e Arielle, as coisas foram do zero para o caos em um instante. Arquivando, eles puderam parar algumas conversas por um momento para que tivessem tempo de se acalmar, dar um passo para trás e considerar se o que tinham intenção de fazer ou dizer seria produtivo. Estabelecemos novas regras de comunicação para a casa que os dois concordaram em respeitar. As regras eram muito simples e envolviam arquivar ou dar uma pausa. O primeiro acordo foi que, já que Arielle se sentia sobrecarregada por Ken, em vez de reagir, ela apenas arquivaria a conversa pedindo por um intervalo de dez minutos. Depois, no fim dos dez minutos, ela responderia Ken com calma ou pediria mais um intervalo. O segundo acordo era que Ken daria espaço quando ela pedisse. E, finalmente, eles concordaram em arquivar qualquer questão que não podiam abordar de maneira produtiva e estabeleceram um horário uma vez por semana com um terapeuta — o espaço designado como refúgio — que estava disponível para solucionar os problemas quando uma pausa ou um intervalo simplesmente não fosse o suficiente.

Durante seis meses, ambos seguiram as estratégias que desenvolvemos juntos. No caso deles, os dois estavam motivados a buscar maneiras de tornar a interação mais tranquila, então deu muito certo. Mas e se não existir comprometimento dos dois lados? Ainda vai dar certo. Você pode se surpreender ao descobrir o quanto pode mudar uma interação apenas fazendo ajustes da sua parte. Se Ken simplesmente desse um tempo ou se Arielle saísse para uma rápida caminhada, eles teriam mudanças de comportamento semelhantes.

Às vezes, tudo que precisamos é de algumas respirações profundas para responder ao conflito com calma, porém, em outros casos, abrir o espaço temporal ou físico entre a pessoa ou situação em questão é um grande primeiro passo.[vii]

Essa pausa permite que tenhamos liberdade emocional mesmo quando estamos lidando com dinâmicas difíceis. Quando você faz um "intervalo", está essencialmente permitindo que seu corpo e sua mente se acalmem.[viii] Durante essa trégua, você pode decidir se uma conversa específica precisa acontecer ou o quanto você precisa se envolver na discussão. Pode ser que, durante o tempo em que você se permitiu relaxar, perceba que o problema em questão não é algo importante. Abrir mão do apego às conversas ou até mesmo aos resultados pode fazer toda a diferença no seu bem-estar diário.

Fazendo o intervalo ser útil para você

Para arquivar uma conversa por um momento, você pode se retirar dela de uma maneira educada. Por exemplo, digamos que você está no trabalho e se envolve em uma discussão calorosa com seu filho, seus pais ou um amigo querido. Em vez de atacá-los ou ignorá-los, escreva um bilhete dizendo: "Entendo o que está dizendo e, embora discordemos, eu amo você. Porém, preciso de um intervalo [de duas horas] dessa conversa." Então, se for necessário, bloqueie o chamador [por duas horas] para que você consiga terminar o dia. Antes de se envolver de novo com a pessoa, verifique consigo mesmo se está pronto para se retirar, novamente, caso seja necessário, com gentileza.

Relembre alguns dos exemplos que vimos até agora. Agatha conseguiu se acalmar e evitar ficar na defensiva apenas se afastando. Arielle e Ken conseguiram um processo de separação muito mais leve e produtivo quando cada um aprendeu a arquivar a conversa por breves momentos. Com quinze minutos sozinhos ou uma caminhada no quarteirão no ápice da briga, eles conseguiram voltar e dialogar muito melhor.

Da mesma forma, como Sally estava aprendendo, havia uma resposta alternativa em vez do sim ou não automáticos, e ela começou a fazer uma pausa para que pudesse responder às solicitações depois de pensar nelas com mais cuidado. O arquivamento poderia ter feito maravilhas no relacionamento de Hillary e Simone, que, em vez de abrir o espaço necessário para evitar a reatividade, simplesmente culparam, constrangeram e fugiram.

Ao nos permitir fazer uma pausa, acalmamos o eu emocional e reativamos o cérebro racional. Com uma mente mais tranquila, podemos tomar melhores decisões e evitar conflitos desnecessários.[IX] Há inúmeros benefícios em ir para um espaço neutro ou isolado (mentalmente e fisicamente), fazer um "intervalo" para diminuir a reatividade e responder aos conflitos com tranquilidade. Tirar um "tempo para você" — e respirar — pode ser muito benéfico. Dentro de alguns minutos, você passa de reativo para responsivo. E, com a responsividade controlada, alcançará os melhores resultados, não importa o quanto a situação seja conflituosa.

O arquivamento é uma ferramenta fácil de usar no momento, que pode ser utilizada para impedir que você diga coisas que não possam ser desditas e faça coisas que não possam ser desfeitas. Com essa pausa, podemos ouvir melhor as histórias e perspectivas das outras pessoas. O intervalo é o que oferece a capacidade de desviar da defensividade e ir em direção a enxergar as coisas com equilíbrio. Ele esclarece quando estamos ficando na defensiva (ou quando outra pessoa diz que estamos) para que possamos interromper o padrão negativo. E quando usamos o intervalo para entender a história da perspectiva da outra pessoa, somos mais capazes de perceber quando estamos na defensiva. Assim, teremos os recursos para otimizar o comportamento e mudar a dinâmica de um relacionamento conflituoso para calmo.

Afirmações para eliminar a vergonha

Mesmo depois de arquivar uma conversa ou um relacionamento, abordar os sentimentos de vergonha que podem surgir durante ou depois de um conflito pode ser difícil. Isso exige que você reconheça sua humanidade, incluindo seus defeitos e falhas. Sentimos vergonha quando as falhas são expostas para outros ou até para nós mesmos. Nos sentimos mal e julgados; a vergonha nos faz sentir uma série de emoções desconfortáveis: desvalorizados, rejeitados, usados, inúteis, incapazes e desrespeitados. Para afastar tais emoções, muitas vezes externalizamos os sentimentos e atacamos ou culpamos outras pessoas. Sentir vergonha é uma parte normal de ser humano, mas não precisamos recorrer à defensividade e à culpa. Ao reconhecer e aceitar as falhas, podemos dar o primeiro passo para evitar cair no ciclo de culpa e vergonha.

Reconhecer as imperfeições pode ser algo assustador, mas também pode trazer recompensas. Podemos nos sentir melhor por viver de maneira mais autêntica — com defeitos e tudo — e podemos ter interações mais honestas, compassivas e amorosas com aqueles ao redor. Uma ótima maneira de começar a combater os sentimentos de vergonha é incorporando uma afirmação positiva, como discutimos nos capítulos dois e cinco, em uma meditação durante o seu dia.

A maioria de nós possui uma forte armadura emocional nos impedindo de refletir a luz da vergonha de volta para nós mesmos. Na minha atuação em casos de divórcios, sou acostumada a trabalhar com pessoas que estão cheias de vergonha e consumidas pelos sentimentos de serem "inferiores". Embora, estritamente falando, não seja um trabalho legal, muitas vezes incentivo meus clientes a começarem a ressaltar a positividade em suas vidas incorporando uma afirmação positiva para tirar a vergonha do vocabulário deles. A verdade é que, quando você começa a enviar mais mensagens positivas a si mesmo de maneira regular, está pronto para pensar com mais clareza. O mesmo acontece na vida de todos, independentemente do seu estado civil.

Por exemplo, imagine que seu parceiro destaque algo em você que ele ou ela ache "errado" — talvez você seja sempre frio, barulhento demais ou imperfeito de alguma forma. Quando isso acontece, a reação natural é ficar na defensiva e contra-atacar dizendo o que há de errado com *a outra pessoa* e até mesmo culpá-la por causar o seu comportamento. É provável que ela tenha apenas cutucado uma das suas histórias pessoais de constrangimento. Você pode se sentir incomodado por a outra pessoa não amar você por inteiro e, ao mesmo tempo, questionar se o que ela está dizendo é um defeito real da sua personalidade. E talvez você sinta medo de não ser digno da aceitação dela.

Em resposta, imagine que você ataca o seu parceiro e diz que ele ou ela é uma pessoa muito sensível ou autoconsciente demais para recuperar seu senso de identidade. Esse ciclo de vergonha/culpa/defensividade não é útil para você nem para o seu relacionamento. Em vez disso, você pode criar uma afirmação positiva para começar a reorganizar seus sentimentos mudando as histórias que conta para si mesmo. Nesse exemplo, uma ótima afirmação pode ser: "Eu mereço amor e aceitação." Quando você realmente acredita nisso, se sentirá um pouco menos provocado quando seu parceiro expressar irritação e é mais provável que você tenha os recursos para se afastar. Depois de arquivar e considerar por que o que a outra pessoa disse foi tão doloroso e improdutivo, você pode escolher se envolver com calma partindo de um lugar de reflexão tranquila em vez de reatividade emocional.

Isso é útil para adquirir o hábito da respiração diafragmática profunda com cinco ou dez repetições, como foi descrito no capítulo cinco, junto a uma afirmação positiva para manter o seu estado mental. Dessa forma, mesmo quando for provocado por algo, é mais provável que você acesse o ponto de vista neutro ou até positivo. Embora possa ser impossível mudar completamente como vemos o mundo, temos o poder de pelo menos mudar um pouquinho como vemos a nós mesmos. Temos o poder de plantar sementes de novos pensamentos mais positivos que possam ser úteis para contra-atacar até mesmo os poços mais profundos de vergonha.

O poder da meditação

A abundância emocional alimenta o ciclo da vergonha e da culpa, o que, por sua vez, cria defensividade e interrompe a comunicação.

Acontece mais ou menos assim:

1. Nos sentimos mal (vergonha).
2. Desviamos a mente (culpa).
3. Temos uma atitude defensiva.

4. Não chegamos a nenhum consenso ou compreensão.
5. Nos sentimos piores.

Quando estamos tristes, muitas vezes é porque estamos focando em situações desfavoráveis do passado ou estamos nos preocupando com circunstâncias indesejáveis acontecendo no futuro. Abordar a consciência do presente nos permite simplesmente observar tudo o que é, sem nos importar com o que deveria ter sido no passado ou o que deve ser no futuro. A meditação é uma prática simples que nos permite invadir e desacelerar qualquer turbilhão emocional que possamos estar vivenciando no momento. Nos ajuda a acessar a consciência *do presente*. Desacelerar o fluxo de pensamentos ou sentimentos desnecessários nos permite refletir, pensar nos possíveis resultados alternativos e adotar um estilo de comunicação menos defensivo. A consciência do presente pode nos permitir ocupar o espaço necessário para nos abrirmos e descobrirmos por que queremos o que queremos em vez de entrarmos no modo de ataque tão fácil e familiar.

Como abordamos as respirações anteriormente, incorpore uma afirmação para acabar com a vergonha durante a prática da respiração de caixa para aumentar sua sensação de bem-estar. Cada vez que inspirar, use os cinco segundos para repetir a afirmação para si mesmo. Permita que essa declaração intencional flua por sua mente. Essa é uma ótima maneira de começar a fazer progressos positivos para desenvolver a capacidade de se acalmar da próxima vez que se sentir provocado. Lembre-se de que a respiração intencional traz uma sensação de tranquilidade tanto para sua mente quanto para o seu corpo. Fazer isso diariamente quando as coisas estão tranquilas fará com que pareça natural quando você estiver se sentindo reativo. Mesmo que não goste desse tipo de coisa, você pode descobrir depois de alguns dias que, embora pareça estranho no começo, os benefícios ocultos valem a estranheza.

Como abordamos no capítulo cinco, para a sua afirmação ser impactante ela precisa ser: *positiva, específica e atual* (como se estivesse acontecendo no presente). Pessoalmente, tenho tendência a ser ansiosa e reativa. Para contra-atacar isso, adotei uma afirmação pessoal para acabar com a vergonha, que é: "Eu sou forte." Lembro-me disso com frequência durante o dia. É a minha meditação, e repeti-la várias vezes a torna mais acessível durante momentos de estresse.

Apresento algumas afirmações para eliminar a vergonha para você experimentar durante o dia. Lembre-se, ao criar o hábito de repetir a afirmação para si mesmo quando está se sentindo bem, será mais acessível durante momentos de caos.

- Eu tenho arbítrio.
- Eu sou forte.
- Eu sou merecedor.
- Posso fazer coisas difíceis.
- Sou perfeito do jeito que sou.
- Eu sou confiante.
- Sou digno de confiança.
- Eu sou inteligente.
- Eu sou amável.

O objetivo é desenvolver uma nova história para se contar a fim de contra-atacar os seus sentimentos de vergonha e insegurança. Crie uma afirmação positiva para contra-atacar qualquer história negativa que esteja contando. Por exemplo, se você se sente inseguro, diga: "Eu sou confiante." Se você se sente "ansioso", repita: "Eu estou calmo." Quando nos sentimos bem com nós mesmos, somos menos propensos a sentir vergonha, a agir de modo defensivo e a culpar outras pessoas.

Saindo do conflito para a calma

Eu tenho uma amiga, Cassandra, que trabalha como diretora de uma escola, embora tenha sido contratada mais recentemente do que muitos professores de lá. Cassandra notou que esses professores mais antigos ficavam na defensiva sempre que pedia para fazerem certas tarefas ou quando sugeria mudar alguns protocolos escolares. No início, a resistência dos professores foi difícil de engolir, e Cassandra se sentiu defensiva em relação à sua pauta. Mas ela combateu o impulso e se permitiu um espaço para se acalmar. Cassandra veio até mim para desabafar. Ela estava irritada e na defensiva em relação a como os professores estavam a tratando, mas também queria apoio para pensar em maneiras de solucionar esses problemas.

Pedi para Cassandra considerar as perspectivas dos professores. Ela pensou em como deve ter sido lecionar por trinta anos e ter uma supervisora que é décadas mais nova tentando mudar o modo como tem feito seu trabalho durante toda a sua carreira. Quando Cassandra conseguiu ver por esse lado, ela reorganizou seu pensamento e começou a mudar o envolvimento com a equipe. O tempo que ela reservou para refletir sobre a perspectiva deles forneceu uma forte oportunidade de criar compaixão e de acabar com o conflito. Ela ajustou como implementou as mudanças na escola para que sua abordagem fosse mais gentil e melhor recebida. O arquivamento permitiu que Cassandra reservasse um tempo e um espaço para considerar outras histórias que poderiam estar causando o comportamento dos professores, permitindo que ela abrisse canais mais fortes de empatia.

Essa mesma habilidade se aplica nas interações com nossos amigos que estão em lados políticos ou sociais diferentes, com os nossos pais e filhos. Quando traçamos limites e arquivamos conversas difíceis por um tempo, estamos prontos para enfrentar o desafio de realmente enxergar a situação da perspectiva da outra pessoa. Agora que você entende como dizer não e quando arquivar conversas ou relacionamentos inteiros, pode começar a observar se está sentindo vergonha, se está na defensiva ou se está culpando outras pessoas. Com essas estratégias, você pode alinhar suas mudanças internas com o seu comportamento externo de modo confiante.

O padrão defensivo de Hillary e Simone

Hillary poderia ter se beneficiado ao entender que a atitude defensiva é inimiga da resolução. Em vez de fazer as coisas com calma e utilizar o Método SIM, Hillary e Simone fizeram o que muitos fazem quando encontram uma situação difícil: ficaram na defensiva e alimentaram um ciclo negativo, o que, no fim, causou o término da amizade.

Em vez de reconhecer os perigos da defensividade, forçando-se a arquivar conversas por um momento e a enxergar a situação de um ponto de vista neutro, elas ficaram na defensiva e "apontaram dedos."

Mas não precisava ser assim. Em vez de se apressarem para culpar alguém, elas poderiam ter feito uma pausa antes de reagir e de dizer coisas que não poderiam ser esquecidas. Durante um breve intervalo, elas poderiam ter pensado em um jeito mais controlado e produtivo de lidar com os sentimentos sem apontar dedos. Se Hillary tivesse arquivado, talvez percebesse que sua falta de ambição na verdade não era um defeito, mas que vinha de um lugar de satisfação. Ela poderia ter demonstrado maior compaixão (em vez de ter julgado e ficado na defensiva) em relação a Simone. Igualmente, se Simone entendesse suas motivações e por que Hillary não tinha as mesmas, ela poderia ter tido a paciência de responder de modo mais lento e evitar dizer coisas ofensivas no calor do momento.

CONCLUSÕES PRINCIPAIS

- A atitude defensiva é inimiga da resolução. Quando ficamos na defensiva, somos teimosos e não conseguimos nos colocar no lugar da outra pessoa.
- Você pode lidar com a defensividade com elegância ao explorar seus valores fundamentais, criar autoconfiança e desenvolver uma mentalidade de crescimento.

- O arquivamento cria oportunidades fortes para criar compaixão e para solucionar o conflito.
- Por meio dos exercícios deste capítulo, você pode se inspirar em buscar maneiras criativas de otimizar as interações. Adotar o intervalo, a meditação e recitar afirmações são apenas algumas das ferramentas que podem ser usadas para desacelerar situações de grande conflito e para você se concentrar em ser responsivo em vez de reativo.

PARTE IV
Sim, você pode se relacionar bem

Mesmo depois de ter feito o trabalho árduo do Método SIM (assumiu o *seu* papel, entendeu a história emocional *importante* e arquivou conversas *muito* exaltadas), você ainda pode estar enfrentando discórdias e desentendimentos significativos. Esta seção consiste em eliminar os conflitos muito profundos e de longa data — parcialmente baseado no trabalho das três primeiras seções — para criar estratégias, refletir e, por fim, impulsionar o poder da vulnerabilidade e da visualização. Esta seção solicitará que você analise se o Método SIM está funcionando — e se não estiver, reflita o porquê — e como você pode explorar seus pensamentos e sentimentos ainda mais a fundo enquanto busca o autoaperfeiçoamento e relacionamentos mais satisfatórios.

A Parte IV é onde a coisa fica séria em relação a colher os benefícios do Método SIM. Se você está sendo muito racional e não está fazendo uso do espaço emocional, é quase impossível eliminar o conflito desnecessário da sua vida. Esta seção pedirá que você observe em que área do conflito se sente travado e que avalie as suas vulnerabilidades. Além disso, esse processo apresentará o Protocolo VIR™, uma arma secreta para bons relacionamentos que solicita que você use o poder da visualização para reajustar até mesmo os seus relacionamentos mais complexos. Por fim, você aprenderá a evitar ciclos de discussões desnecessárias sem interromper a comunicação. Já tendo construído fortes hábitos e padrões de pensamentos e se envolvido no esforço de otimizar seu relacionamento com amigos, família, colegas de trabalho e com o próprio processo do conflito, você terminará esta seção se sentindo preparado para lidar até mesmo com o mais difícil dos confrontos interpessoais e para alcançar a verdadeira liberdade emocional do conflito.

CAPÍTULO OITO
O Protocolo VIR: A sua arma secreta

Mesmo que você tenha seguido todas as instruções das primeiras três seções, é possível que se sinta travado em padrões e dinâmicas particularmente desafiadoras. Afinal, o conflito nem sempre é um tópico fácil e direto. E a resolução dele nem sempre é um jogo que, para um ganhar, o outro precisa perder. Podemos acreditar que existem "vencedores" e "perdedores", mas, se quisermos progredir com uma dinâmica melhor, o caminho até a resolução pode muitas vezes se tornar restrito a uma história um pouco mais complicada. É fácil se apegar a uma mentalidade de tudo ou nada; no entanto, poucas vezes ela cria uma sensação de paz realmente verdadeira. Algumas pessoas estão mais preocupadas em estar certas ou em vencer do que em criar harmonia. Porém, embora estar certo possa satisfazer a curto prazo, não será muito útil para você e para seus relacionamentos a longo prazo. Se a ideia de ter relacionamentos realmente saudáveis é atraente, até mesmo com aquelas pessoas que você considera complexas, o poder está nas suas mãos. Pode ser a hora de olhar mais fundo dentro de si e chegar no núcleo do que está lhe impedindo de melhorar os relacionamentos.

É claro, não estou sugerindo de maneira alguma que você possa curar a natureza impossivelmente complexa, um problema de saúde mental não tratado ou uma perspectiva desagradável de outra pessoa. Existem situações em que abandonar a dinâmica faz mais sentido. É sempre um equilíbrio entre a importância relativa do relacionamento, a importância do problema atual, e a capacidade e disposição dos dois lados de se envolverem de maneira respeitosa. Às vezes, é melhor não dizer certas coisas. Porém, mesmo quando você não consegue deixar a sua comunicação e o seu relacionamento no perfeito estado, na maioria das vezes existem maneiras de torná-lo melhor. E *melhor* é sempre uma ótima posição.

Para ser vulnerável com você mesmo, é necessário um grande esforço pessoal e interpessoal. Neste capítulo, você explorará seus pensamentos e sentimentos em busca de crescimento e da criação de estratégias para uma solução mais saudável para lidar com o conflito em sua vida. Ao reconhecer suas inseguranças e seus pontos de tensão emocionalmente instáveis, e ao visualizar o futuro da dinâmica como gostaria que fosse, você terá uma visão mais ampla dos motivos pelos quais está travado em algum dos passos do Método SIM. Você começará a superar a sensação de estar preso infinitamente em uma dinâmica desagradável. Ser vulnerável consiste em esclarecer seus *sentimentos atuais*. Assumir como você se sente de verdade, por mais desconfortável que seja, será a sua oportunidade inicial de avançar. Quando você estiver em um conflito, avalie-se e observe o resultado. Não fique preso em um ciclo negativo ou obsessivo; em vez disso, observe como se sente. A partir daí, você pode começar a ativar sua vontade interna para ir em direção a algo melhor.

Pense nestes capítulos finais como uma construção de habilidades de alto nível para reforçar as lições anteriores do livro. Quando se der conta e entender suas vulnerabilidades, como o respeitável autor de *A coragem de ser imperfeito*, Brené Brown, nos ensinou, você terá mais poder em sua vida. Nomeá-las e utilizar suas afirmações de autoestima para combatê-las ajudará você a libertá-las. Nesta seção, daremos ilustrações e orientações mais concretas que o ajudarão a superar as suas aparentes limitações atuais. Quando for mais vulnerável com você mesmo, então poderá realmente acessar o Método SIM.

O Protocolo VIR

O Protocolo VIR é uma estrutura que desenvolvi durante muitos anos para ajudar meus clientes a começarem a interagir e viver de forma mais intencional, especialmente com pessoas que os tiram do sério. O Protocolo VIR é bastante útil quando você está preso em um ciclo de discussão sem sentido e está vivendo com culpa, vergonha ou raiva, mas pode usar isso em praticamente qualquer aspecto da sua vida. O objetivo desse processo é sair da culpa e entrar no reino do domínio. Usando o Protocolo VIR, você pode começar a enxergar seus relacionamentos difíceis pelas perspectivas dos melhores resultados possíveis dos conflitos. Ele age como um tipo de reforço do Método SIM e ajuda você a integrar cada passo de maneira mais completa na sua vida.

O Protocolo VIR consiste em três passos:

1. *Visualize* o que você quer (sua maior meta para você mesmo ou para o seu relacionamento).
2. *Internalize* o que quer que seja (como um exercício diário de escrever ou fazer alguma ação específica que leva a visualização até o seu ser).
3. *Realize*. A realização é um estado de percepção e o resultado de *visualizar* e de *interiorizar.* A realização é o que acontece quando você internaliza por completo a sua visualização. Você incorpora o seu sonho. Não há o que fazer, apenas permitir e aceitar.

Para ativar o Protocolo VIR, visualize a narrativa que você gostaria de ter. Usando uma afirmação consciente, você pode começar a reajustar a sua história interior ao reescrevê-la melhor. Os pensamentos são como pequenas sementes que plantamos na mente, então tenha muito cuidado com as palavras que você usa. É melhor escolhermos as mensagens que queremos enviar para nós mesmos com cuidado.

Observe como o Protocolo VIR funciona na prática:

Imagine que esteja enfrentando um conflito no trabalho. No ano passado, você foi ignorado pela segunda vez para uma promoção. Você está esperando finalmente ser reconhecido neste ano por todo o ótimo trabalho que tem feito em uma grande iniciativa para a empresa, mas está com a sensação de desgraça iminente. Embora possa se sentir na defensiva do lado de fora, internamente você pode se sentir invisível ou desrespeitado no trabalho. Está começando a sentir que devia apenas desistir.

Primeiro passo: Visualize

Visualize: primeiro, anote as metas para o seu relacionamento com o trabalho. Faça uma lista de como gostaria de se sentir quando está trabalhando, sobre o trabalho e sobre seus colegas. Comece com a situação geral e, depois, torne-se mais específico. À medida que se aprofunda nos detalhes de como gostaria de se sentir e o que espera criar, você começará a sentir uma mudança no seu estado. Mesmo que seja desconfortável admitir, se quer mais respeito, comece a visualizar outras pessoas indo até você para perguntar sua opinião ou pedir um conselho sobre como lidar com algumas responsabilidades no trabalho. Lembre-se, seu objetivo deve estar relacionado a você e às coisas sob seu controle direto — não devem estar relacionadas a *outra* pessoa fazendo algo.

Você pode não conseguir que um colega pare de falar sobre política, mas pode fazer o possível para se retirar da conversa rapidamente. Pode não conseguir que seu chefe lhe dê um aumento, mas pode pedir por um salário maior e pode procurar outras empresas que talvez ofereçam maiores pagamentos. Você pode não conseguir fazer o seu cônjuge parar de ser reativo, mas pode responder de maneira diferente ao comportamento dele ou dela. Visualize-se como parte de conversas importantes.

Decida quais são os seus sonhos ou visões para qualquer parte da sua vida. Concentre-se em ter uma sensação de equilíbrio interior e tranquilidade externa em um relacionamento específico. Visualize o seu objetivo até que você possa literalmente vê-lo, senti-lo e cheirá-lo. A sua visão define o tom dos seus relacionamentos e da sua vida.

Segundo passo: Internalize

Internalize: aqui é onde a sua visão se infiltra em todos os aspectos do seu ser. Se no primeiro passo você se imagina sendo mais respeitado no trabalho, no segundo passo está refletindo como isso deve ser. Você pode ter se sentido invisível e agora está passando por um conflito interno sobre o que significa ser realmente confiante. Pode até ser desconfortável se ver nessa posição, mas tudo bem. Essa é a sua jornada e o seu processo. Você está considerando com cuidado quais elementos compõem sua confiança e está experimentando para ver se cabem. Talvez decida que uma pessoa confiante é uma líder, então uma maneira de internalizar isso é assumindo um papel de liderança no seu escritório ou participando de um comitê relacionado à sua profissão. Talvez decida se vestir de um jeito mais profissional. Talvez decida se tornar um mentor para outros. Durante a fase de internalização, você incorpora a sua visão pouco a pouco. Imagine de maneira detalhada. Mais uma vez, você precisa ser realmente vulnerável consigo mesmo para internalizar a visão e aceitar a sensação de autocompaixão. Essa autocompaixão servirá para ajudá-lo a eliminar qualquer conflito, interno ou externo, que possa ter em relação ao significado positivo de confiança. Pode ser que durante o processo de *internalização* você decida mudar a visualização por várias razões. Continue indo mais fundo para ajustar suas metas a fim de encontrar sua visão em constante evolução. É aqui que você se torna quase obsessivo com a meta. Para internalizar, você precisa se abrir para receber o que quer que esteja buscando. Precisa acreditar que merece o que quer que esteja visualizando. O processo de internalização é onde suas intenções são solidificadas.

Mantenha a sua mente concentrada na sua visão.

Terceiro passo: Realize

Por meio da visualização e internalização consciente, você pode alcançar as suas metas. Você pode realmente reajustar os seus relacionamentos com aqueles que estão ao seu alcance fazendo mudanças no que enxerga e em como se relaciona. A realização é onde toda a sua visualização ganha vida, graças a todo o trabalho que você fez na fase de internalização quando começou a dar vida para a sua visão claramente articulada. Quando começa a se vestir para o sucesso, a se envolver mais na sua organização profissional ou a treinar aprendizes, é provável que você se veja realmente mais confiante.

Assim como no Método SIM, o Protocolo VIR exige uma evolução constante. Quando internalizamos a visão, aprendemos e amadurecemos. Por meio da evolução, os desejos podem mudar. À medida que seus objetivos mudam, volte para o Protocolo VIR para visualizar, internalizar e realizar as novas metas. Lembre-se, seus pensamentos influenciam o seu comportamento que, por sua vez, influencia os resultados.

É essencial conseguir nomear qualquer emoção que lhe atrapalhe. Quando aceitamos as vulnerabilidades, assumimos e liberamos as emoções intensas — como, por exemplo, combatendo-as com afirmações de autoestima — e ganhamos o poder para implementar as estratégias de transformação que nos permitem executar os resultados que visualizamos inicialmente. Podemos avançar nos relacionamentos, introduzindo novas dinâmicas, transformando nós mesmos e a nossa abordagem. Essa transformação acontece sem que *façamos* algo conscientemente; a realização é uma consequência da mudança na consciência e nos comportamentos.

O Protocolo VIR em ação

Joni é uma mulher de 50 e poucos anos. Ela tem uma filha de 24, Olivia, que recentemente se formou na faculdade e está morando do outro lado dos Estados Unidos com o namorado. Joni está divorciada há três anos. Seis meses atrás, começou a namorar Eddie, um homem

15 anos mais novo. Olivia sabia tudo sobre Eddie desde o começo. Ela e a mãe sempre foram próximas, mas, por conta da distância física entre as duas, Olivia supôs que esse relacionamento fosse passageiro e ficou chocada quando soube que Eddie estava se mudando para a casa da mãe. Depois de desligar o telefone, ela mandou uma mensagem para Joni dizendo para não ligar e que faria contato quando estivesse pronta para conversar.

No início, Joni aceitou, imaginando que Olivia ia cair em si. Porém, depois de três semanas de silêncio, começou a se desesperar. Joni ficou arrasada. Ela sabia que Eddie e Olivia tinham idades próximas e imaginou que a filha reagiria, mas não dessa forma. Joni havia sido traída pelo ex e ficou decepcionada por Olivia não estar feliz por ela.

Enquanto isso, Olivia estava chateada demais para ligar para Joni e não sabia o que dizer. Era mesmo necessário um namorado quinze anos mais novo? Eddie tinha praticamente a mesma idade do namorado de Olivia. Porém, apesar da raiva momentânea e do sentimento de traição, ela amava a mãe e queria continuar próxima dela. Naquela época, colocou o Facebook de Joni no modo silencioso e me confidenciou que não conseguia ver as fotos da mãe no novo relacionamento sem sentir que ia explodir com ela.

Depois que falamos sobre seus sentimentos, Olivia passou pelo conflito com maestria. Em vez de culpar e rejeitar Joni, ela explorou seus próprios poderes ao ficar vulnerável. Olivia reconheceu o quanto se sentia impotente em relação ao namoro da mãe e liberou a raiva. Ela se permitiu sentir a mágoa tomando conta. Chorou e chorou até que sentiu a liberdade interior. Sua vulnerabilidade foi o que a permitiu passar pelo Protocolo VIR. Primeiro, ela visualizou o que realmente queria. Saiu do ciclo de culpa e vergonha ao visualizar como queria se sentir: em paz ou, pelo menos, aceitando as circunstâncias. Ao se permitir sentir as emoções, em vez de externalizá-las ou afastá-las, ela sentiu uma grande libertação. Olivia começou a se perdoar por guardar tanta raiva e decepção.

Em seguida, ela visualizou o relacionamento com Joni como próximo e amoroso. Só de pensar nele de qualquer outra forma deixou

Olivia com os olhos marejados. Ela permitiu que as lágrimas caíssem e fossem embora. Depois, internalizou a crença de que não havia problema em Joni ter um relacionamento que não fizesse sentido ou fosse até um pouco ofensivo para Olivia. Internalizando o que um relacionamento "próximo e amoroso" seria, Olivia foi capaz de mergulhar fundo em um poço de memórias emocionais positivas com Joni. Quanto mais tinha intenção de passar um tempo visualizando, mais ela internalizava um relacionamento reajustado com a mãe. O medo de perder a conexão começou a sumir. Ela conseguiu se envolver novamente com Joni sem julgamentos ou raiva ao se concentrar nas memórias emocionais positivas ao invés do desentendimento atual entre as duas. Olivia internalizou a sensação de paz que desejava ter de volta. Sabia que talvez nunca entendesse o relacionamento de Joni com Eddie, mas sentia que seus pés estavam mais no chão.

Olivia pôde, então, reintegrar Joni em sua vida da forma como visualizou e internalizou por completo, realizando assim a paz que queria sentir em seu relacionamento.

A visualização e internalização são um processo interativo. À medida que você internaliza a sua meta, a sua visualização pode se tornar mais clara ou pode ir ligeiramente para uma direção diferente. Isso é normal. O objetivo da visualização é colocá-lo no caminho pretendido, o qual você continuará a desenvolver com o tempo. Manter o foco escrevendo o que você pretende manifestar o ajudará a continuar no rumo certo. A fase da realização acontece com o tempo, pouco a pouco, quando suas metas se tornam mais claras e mais profundamente internalizadas.

Quando Joni e Olivia voltaram a se falar, a filha concordou em se encontrar com Eddie. Com o tempo, percebeu que o desconforto com a diferença de idade sumiu. Gostava do bom relacionamento entre Joni e Eddie e quanto eles faziam bem um para o outro. Olivia, na verdade, gostava de Eddie e estava feliz pela mãe não estar sozinha. Ao mergulhar no poço de emoções positivas, Olivia conseguiu superar a reatividade imediata e se envolver em uma conversa. Esse processo a levou a alcançar a proximidade que desejava ter com a mãe.

Usando o Protocolo VIR, você verá que muitas das suas discussões se acalmarão, que terá mais honestidade sobre como se sente e menos apego a se envolver no que antes eram idas e vindas atraentes. O próprio ato de ler este livro e se envolver nos exercícios sugerem que você está visualizando melhores relacionamentos. Agora, você está no processo de internalização. Quando descobrir o seu porquê, pode começar a mudar suas respostas ao conflito, que farão melhoras radicais nos seus pensamentos e sentimentos dentro do relacionamento. Sua visão será realizada.

Eu não estou chorando, você é que está

Ser honesto ou vulnerável com nós mesmos pode ser assustador. Nos obriga a reconhecer as fraquezas e a enfrentar os medos de frente. Pode ser um processo desconfortável, mas é a única maneira de sair de um conflito complexo. Isso é especialmente verdadeiro por conta da tendência natural de externalizar a principal causa do que deu errado. Como discutimos nos capítulos anteriores, a fonte da vergonha está nas inseguranças e nos sentimentos de inferioridade.[i] Quando reconhecemos o que está acontecendo internamente, pelo menos para nós mesmos, temos a chance de seguir em frente em vez de passar anos nos ciclos de discussões intermináveis que conhecemos bem.

Na Parte I, você aprendeu que precisa assumir o seu papel no problema, incluindo atitudes e hábitos que podem estar contribuindo para as dinâmicas difíceis. Nesse estágio do processo, você pode achar que o seu papel e suas metas para o relacionamento estão claros. Na Parte II, trabalhou para desenvolver melhores hábitos à medida que se aprofundou em entender a história emocional importante e, na Parte III, começou a desenvolver habilidades que permitem arquivar ou pausar discussões muito exaltadas e melhorar a sua situação ao traçar limites mais firmes. Você pode sentir como se tivesse feito tudo o que foi prescrito para melhorar uma dinâmica tensa — e, mesmo assim, ainda não viu nenhuma mudança significativa em alguns dos seus relacionamentos mais desafiadores. Ou talvez você tenha voltado aos padrões antigos sem perceber e precisa praticar um pouco mais para voltar aos trilhos.

Ser verdadeiramente vulnerável exige muito trabalho porque, muitas vezes, somos acostumados a diminuir a nossa parte no problema. Como discutimos no capítulo anterior, em vez de vulneráveis, geralmente nos tornamos reativos. Essa barreira protetiva e defensiva costuma ser construída ao longo da vida para sobrevivência, mas nos falta o mecanismo para destruí-la quando não precisamos mais dela. Com o tempo, a barreira pode começar a causar danos nos relacionamentos em vez de nos proteger.

Os ciclos dos conflitos precisam ser examinados de duas formas: primeiro, você precisa analisar o que pode estar interferindo na sua capacidade de ser vulnerável. Costuma-se dizer que somos tão loucos quanto nossos segredos. A última pessoa de quem deveria guardar segredos é você mesmo e, mesmo assim, acontece o tempo todo. No meu caso, minha narrativa interior orgulhosa estava me protegendo da vergonha de não construir uma carreira bem-sucedida.

Durante os primeiros anos de casamento, eu estava tentando tanto ser uma boa esposa e mãe que me esqueci de cuidar do resto da minha vida. Para me proteger dos sentimento de incapacidade quando não conseguia alcançar meus padrões impossíveis, colocava a culpa da minha infelicidade no meu marido. É tão mais confortável culpar outras pessoas por nossas dinâmicas fracassadas que raramente nos olhamos no espelho. Isso, é claro, faz sentido porque enxergar as próprias fraquezas é desconfortável, mas é só quando reconhecemos quando somos teimosos, irrealistas, reativos, contraditórios, passivos ou o que quer que seja, que podemos começar a ter resultados diferentes.

Familiarizando-se com seu eu interior mais vulnerável, você pode começar a considerar o que pode estar interferindo na sua capacidade de se livrar do que está se apegando.[ii] Você pode até refletir se o relaxamento do controle emocional pode ser útil e se vai apoiar o seu relacionamento conturbado. Em segundo lugar (e de maneira mais animadora), quando reconhecer que a sua natureza, seus pensamentos, suas ações e suas omissões são parte do problema, você deve ativar o seu poder de ser visionário. Ser honesto requer admitir as suas fraquezas para si mesmo. Essa é a parte mais difícil. Mas a recompensa é enorme porque, quando perceber onde está incorporando uma fraqueza, você pode visualizar seus relacionamentos progredindo.

Até hoje, Mitch não enxerga nossos primeiros anos do jeito que eu enxergo. Ele diz que estava apenas trabalhando e fazendo o que tinha que fazer. Mitch também não registrou nenhuma grande mudança em nosso relacionamento ou na vida dele desde que comecei a cuidar melhor de mim mesma. O que ele enxerga é que estou mais feliz. Assim como é preciso uma só pessoa para danificar um relacionamento, uma só pessoa também pode melhorá-lo.

Acessando sua vulnerabilidade

Existem vários passos para acessar sua vulnerabilidade que são muito fáceis, falando de maneira prática. Emocionalmente, você pode achar um pouco mais difícil do que espera, mas se tornará natural.

- **Sinta as emoções.** Observar como se sente pode trazer uma sensação de insegurança ou desconforto. Isso é completamente natural. O processo de se forçar a desacelerar pode ser desafiador. No entanto, a recompensa pode ser um diálogo interno mais honesto com você mesmo e relacionamentos mais fortes com outras pessoas. Se o seu instinto é chorar, permita-se sentir as emoções, até as mais difíceis. Observe-as e, então, se não forem úteis, abra mão delas. Por exemplo, se você é o filho mais novo e se vê frequentemente em dinâmicas em que está batendo de frente, descarte a tendência instintiva de substituir a sua afirmação de autoestima por um discurso interno negativo e cheio de dúvidas. Às vezes, os sentimentos são uma reação defensiva a um padrão estabelecido durante a infância que já não é mais útil. Quando perceber que está surgindo, observe-o e crie uma afirmação de autoestima para combatê-lo, depois liberte a vergonha que esteve guardando.
- **Use a sua afirmação de "autoestima".** Algo simples como "Eu sou digno" ou "Eu mereço ser visto" pode ser impactante. O objetivo dessa afirmação é construir uma narrativa interior positiva que incentive a sua crença em você mes-

mo e no seu valor interior. Você precisa acreditar que tem valor e que pode obter melhores resultados (tanto para si mesmo quanto para seus relacionamentos). Convide a afirmação de autoestima para invadir seus pensamentos.

- **Confie em si mesmo para lidar com a decepção.** Quando somos vulneráveis, abrimos margem para nos importar com os resultados, incluindo o fracasso. Convide-se a crer que você pode superar a adversidade e o fracasso. Lembrar-se do seu valor por meio das afirmações de autoestima é muito importante, pois irá ajudá-lo quando você estiver se sentindo rejeitado ou incompreendido. Lembre-se de que o sucesso está do outro lado de cada decepção.
- **Lembre-se de que a vulnerabilidade transmite força interior.** Isso não significa que você deve compartilhar informações demais com pessoas que não estão no seu círculo de confiança. Em vez disso, fornece o poder para você se afastar da culpa e tomar mais decisões importantes e satisfatórias. Ao invés de culpar seu chefe pelo seu baixo desempenho no trabalho, seja vulnerável consigo mesmo e analise o que mais está acontecendo. Talvez você tenha a escrita como profissão, mas sempre tem sua cópia marcada e criticada pelo seu supervisor. Você pode responder a isso de inúmeras maneiras. Pode decidir que seu chefe é um babaca e não fazer nada. Pode pedir demissão e abandonar a aspiração de ser escritor. Ou pode decidir buscar algum retorno construtivo do seu chefe. Talvez ele ou ela tenha ótimas dicas e, aceitando-as, você aprenderá a melhorar sua escrita — ou talvez descobrirá que seu estilo de escrita não é a combinação certa para essa posição. Somente tendo a confiança de ter a vulnerabilidade e pedir por conselhos construtivos você tem a chance de superar esse relacionamento e de ter uma experiência mais bem-sucedida e gratificante no trabalho.

Hillary e Simone se envolvendo no Protocolo VIR

Se Hillary ou Simone tivessem separado um tempo para usar o Protocolo VIR, elas poderiam ter salvado a amizade e oferecido um melhor apoio para o sucesso da outra. Se Hillary tivesse visualizado suas metas para o relacionamento com mais clareza, poderia ter sido honesta e vulnerável consigo mesma e incentivado uma conversa com Simone reconhecendo sua parte na interação. Se ela tivesse internalizado essa visão, mesmo que Simone não fosse recíproca, as duas poderiam ter se separado em melhores termos. Em vez de terminar amizade, poderia ter visualizado uma separação mais tranquila, assumido que concordou por hábito e que essa tendência de não confrontar pode ter sido parte do problema. Se elas tivessem essas conversas, talvez pudessem ter chegado a um acordo, como Simone permanecendo por mais alguns meses para um processo de separação mais leve, e elas poderiam ter terminado como amigas. Talvez, em troca dos meses que Simone passaria dando uma assistência extra para Hillary sobre as rédeas do negócio, Hillary poderia ter compartilhado mais sua clientela com Simone. Os dois negócios teriam tido sucesso e, mais importante, poderiam ter deixado em aberto a possibilidade de permanecerem amigas.

Segredo revelado: o objetivo é ter melhores relacionamentos, não perfeitos

Não podemos eliminar completamente o conflito de nossas vidas. Ele surgirá outra vez, especialmente quando não for controlado. Isso não significa que as habilidades que você aprendeu por meio do Método SIM não funcionem; só significa que pode ser hora de fazer mais uma verificação de si mesmo e do mundo ao redor. Com o Protocolo VIR, junto às outras estratégias que aprendeu, você pode alcançar um maior entendimento dos seus desejos emocionais para sua própria vida e para seus relacionamentos com outras pessoas. E pode impedir que esses conflitos se tornem guerras, separações ou caos completo.

Como mencionei no início do livro, um dos primeiros passos para ter melhores relacionamentos é esclarecer suas metas para eles. Na minha vida, descobri que, para conquistar qualquer coisa, a primeira coisa que precisava fazer era definir claramente a meta. Em seguida, precisava internalizar como seria alcançá-la. Várias vezes, com esses dois passos, qualquer objetivo que eu me propusesse a alcançar, seja nos meus relacionamentos (me dar melhor com a minha mãe, meu marido e meus filhos) ou conquistas (escrever um livro, construir meu escritório especializado em divórcios, conseguir mais palestras), quando articulei meus objetivos com clareza e me comprometi a internalizá-los por completo, os resultados viravam realidade.

Mude seu pensamento: escrevendo para o VIR

O Protocolo VIR não é só útil no seu relacionamento com outras pessoas — ele também pode ajudar a mudar a energia da sua vida. Eu vivenciei essa mudança quando adicionei "autora" e "oradora" na minha descrição de trabalho além de "advogada especializada em divórcios" e "mediadora". Esse processo pode parecer "bizarro", mas funciona mesmo. Você está concentrando a sua energia em outro lugar para que sua mente seja naturalmente direcionada para o resultado que está buscando. Embora possa não conseguir mudar a sua circunstância atual ou as pessoas com quem às vezes está preso por conta das circunstâncias, com algumas mudanças no pensamento e na atenção, podemos manifestar melhores resultados.

Da próxima vez que se sentir irritado com uma situação (ou pessoa) específica, pegue sua agenda e tente este exercício de escrita.

1. **Visualize:** escreva como deseja vivenciar essa interação (ou parte da sua vida). Anote com especificidade o que

deseja alcançar. Por exemplo, digamos que você deseja se sentir mais inspirado por seu ambiente de trabalho.

2. **Internalize:** faça uma lista do que é inspiração para você. Imagine o que faria para se sentir mais inspirado. Mantendo o exemplo anterior, você pode anotar o que deseja conquistar; talvez queira escrever um livro, começar um *podcast*, ser líder de um grupo ou ganhar mais dinheiro. Feche os olhos e imagine-se fazendo a versão mais escandalosa, emocionante e inspiradora da sua visão (use autoafirmações para superar o discurso negativo). Depois, detalhe o máximo que puder.

   Uma observação muito importante: é essencial que isso seja feito todos os dias. Você está literalmente reescrevendo o seu foco e atenção. O jeito novo e cada vez mais diferente de se ver na vida abre o caminho para desenvolver relacionamentos melhores e mais saudáveis, além de circunstâncias mais gratificantes.

3. **Realize:** à medida que internaliza as visualizações no seu ser, é provável que você não tenha que *fazer* nada. A realização se apresentará em virtude da concentração significativa nessa direção positiva. A sua visão é mais provável de ser realizada quando você aceitar completamente sua vulnerabilidade. Lembre-se, somos tão loucos quanto nossos segredos e, quando os libertamos, mesmo que só para nós mesmos, liberamos a capacidade de nos sentir melhores com nós mesmos e nos relacionamentos com outras pessoas.

CONCLUSÕES PRINCIPAIS

- Se você ainda se sente preso em conflito depois de seguir as três primeiras partes deste livro, descobrirá que ser vulnerável e experimentar o poder da visualização é uma ótima maneira de reajustar uma situação. A vulnerabilidade produz recompensas internas e externas, permitindo que você entre em contato com seus sentimentos e criando oportunidades para conversas mais honestas e produtivas com outras pessoas.
- Pratique sentir suas emoções. Faça um exercício intencional de respiração três vezes por dia. Crie uma afirmação de autoestima e integre-a ao exercício.
- Ao visualizar o bem-estar emocional com clareza, você pode começar a reajustar suas expectativas para qualquer relacionamento específico. Os exercícios de escrita do VIR podem ajudá-lo a ser vulnerável e a começar o Protocolo. Esse processo lembrará você da sabedoria básica de precisar ir mais fundo nas áreas que podem dar mais trabalho.
- O Protocolo VIR pode fazer muito mais do que simplesmente ajudá-lo a entender seus valores e necessidades; ele o ajudará a se tornar um visionário ativo para você mesmo e para o seu futuro.

CAPÍTULO NOVE
Evite que o conflito se transforme em caos

Michelle recentemente me ligou pedindo por aconselhamento e possível representação legal. Ela me contou que não estava certa do que fazer com seu casamento. Por um lado, não queria acabar com a família; o marido de Michelle era gentil e amoroso com ela e com seus filhos e um bom provedor. Por outro lado, ela se sentia presa. Em alguns dias, até se sentia extremamente infeliz. Michelle sentia que sua vida estava desmoronando, mas não conseguia dizer o que a estava chateando. Marcamos uma série de reuniões em um curto período para ajudá-la a desvendar o que lhe estava causando transtorno. Em conjunto às nossas reuniões, ela também se encontrava com um terapeuta que poderia ajudá-la a lidar com os sentimentos de uma perspectiva de saúde mental e comportamental.

Nosso trabalho em conjunto começou com o Método SIM, partindo de como os hábitos ou maneiras de pensar de Michelle estavam interferindo em seus sentimentos de contentamento. Não foi fácil para ela articular qual era seu papel ou contribuição no conflito, exceto que era crítica. Seguimos então para a segunda parte, a história emocional. Nessa parte, Michelle classificou como se sentia em relação às várias áreas de sua vida, incluindo o trabalho, a família, o dinheiro e o romance. Abordamos cada item, um por um. Quando esclareceu todas as áreas, ela ouviu com cuidado o que sua voz interior dizia sobre cada coisa que a estava chateando.

Enquanto conversávamos, Michelle começou a chorar. Quando chegamos na categoria da família, ela expressou que estava completamente sobrecarregada. Nos últimos dezoito meses, uma de suas crianças esteve lutando com a identidade de gênero. A outra esteve usando drogas e álcool. Ambas pareciam estar nos estágios iniciais da depressão. Michelle carregava uma enorme culpa e confusão sobre como entender os próprios sentimentos e qual era a melhor maneira de ajudar a filhe a entender a própria identidade. Além disso, as preocupações de Michelle sobre o uso de substâncias da outra filha apareciam independentemente de onde estava ou do que estava fazendo. A preocupação com o desastre iminente no humor das duas era difícil para ela se livrar. Michelle também revelou que, embora ela e o marido nunca tenham tido um relacionamento fácil, as coisas pareciam estar piorando à medida que entravam em desacordo sobre os planos de tratamento para a depressão de seus filhos. Além disso, a mãe de Michelle havia sido diagnosticada com câncer de ovário em estágio três e, a cereja do bolo, a escola das meninas havia fechado por conta do coronavírus. Por fim, é compreensível que ela tinha uma completa falta de clareza. Era muito trauma para Michelle processar de uma só vez.

As frustrações e decepções conjugais pareciam a única parte da vida que ela tinha domínio. Michelle veio me ver, disposta a pedir divórcio para o marido. Ela me perguntou se deveria se separar. Eu a aconselhei a refletir se o marido era o verdadeiro problema ou apenas o elo mais fraco. O fato de as outras questões serem desafios de longo prazo estava deixando Michelle menos tolerante nas discussões com ele. Logo se tornou claro que o casamento não era a fonte causadora dos transtornos. O desejo de separação pode ter sido incentivado, pelo menos em partes, porque era a única questão desagradável que era controlável. No entanto, tive o pressentimento que, mesmo se o casamento acabasse, esse poderia não ser o primeiro problema a ser resolvido. A separação provavelmente não melhoraria os problemas familiares maiores — mesmo depois do divórcio, as filhas continuariam sofrendo e a mãe de Michelle continuaria doente.

Sugeri que, em vez de pedir imediatamente pelo divórcio, Michelle arquivasse a conversa enquanto permitia que as outras áreas de sua vida se desenvolvessem. Se ela tivesse apenas seguido o impulso e deixado o marido, teria adicionado lenha na fogueira sem querer. Em vez disso, focamos priorizar as questões e abordar uma de cada vez. Por um lado, quando se tratava da filha e suas questões gênero, além de obter ajuda para tratar a depressão dela, não havia nada que Michelle pudesse *fazer*. Ela tinha apenas que *ser*. Por outro lado, quando se tratava da depressão e do uso de drogas da outra filha, ela queria intervir e oferecer todo o apoio disponível. E, mesmo assim, tudo parecia desgastante demais. Então, depois de mais algumas consultas comigo, decidiu primeiro acalmar as próprias emoções em torno do caos. Só então ela poderia se envolver de verdade com o Método SIM em relação ao marido.

Michelle anotou de forma metódica cada questão que a estava chateando. Em seguida, fez subcategorias em cada item, nomeando seus medos, distinguindo entre o que podia controlar e o que precisava aceitar. Depois de algumas semanas fazendo listas, ela recomeçou do início, esclarecendo que se sentia completamente sobrecarregada porque estava muito acostumada a ser tudo para todos.

Em vez de observar cada questão como um problema individual e viável, ela percebeu que esteve sentindo como se sua vida fosse uma catástrofe. Cada coisinha que acontecia parecia o fim do mundo porque era apenas mais um item nessa pilha enorme e incontrolável. Quando observou cada questão como um problema individual e viável, ela conseguiu afastar a sensação de desastre iminente e lidar com o conflito em sua vida com equilíbrio. Seu sono pouco a pouco se tornou menos agitado e mais relaxado. Ela já não estava mais exausta de tentar impedir que a filha usasse drogas. Michelle decidiu começar a frequentar um grupo de apoio para pais com filhos viciados, o que ofereceu o apoio que precisava para lidar não só com a filha, mas com o casamento. Michelle aprendeu a lidar com uma questão por vez. Algumas delas envolviam mudanças de pensamento. Outras exigiam que ela se comportasse diferente. Ela separou cada um dos problemas e abordou um de cada vez, incluindo listas para lidar com eles bem devagar.

Michelle foi de achar que tudo em sua vida era catastrófico para conseguir ouvir sua voz interior. Porém, só isso não era o bastante. Ela era puxada para muitas direções diferentes. Michelle precisava descobrir como tirar um tempo para si mesma como uma parte regular de sua rotina para restabelecer a sensação de paz interior. Ela se comprometeu a alterar o hábito de reagir rápido a todas as provocações de uma vez e se abriu para apenas receber e responder a cada problema conforme ele surgisse. Michelle se envolveu no Protocolo VIR e chegou à conclusão de que precisava tirar um tempo para cuidar de si. Essa mesma mensagem foi reforçada pelo grupo de apoio dos pais. Eu a ensinei como fazer a respiração diafragmática simples do capítulo 5, e ela criou uma afirmação de autocuidado para combater os sentimentos de estresse. No caso dela, começou com "eu mereço cuidar de mim."

Por fim, se envolvendo no exercício de explicação alternativa do capítulo três, Michelle se afastou do que estava sentindo e ouviu sua voz interior. Ela começou o processo conversando com o marido sobre as emoções rodeando a depressão das filhas e, a partir daí, outras conversas fluíram. Por último, Michelle estabeleceu limites, criando um cronograma de autocuidado que a permitiu ter um refúgio do caos abundante em sua vida. Ela também criou uma rotina diária viável em que reservava um tempo para abordar cada um dos problemas e depois deixá-los de lado, pelo menos no momento.

Talvez a história e a luta de Michelle soem familiar para você. O conflito tende a cair sobre nós de uma só vez, nos fazendo nos sentir impotentes e sobrecarregados por situações que, sozinhas, pareceriam viáveis. Neste penúltimo capítulo, demonstrarei como você pode manter seus pés no chão em meio a um conflito de grande escala que pode se transformar em um caos avassalador se não for controlado. Ao fazer isso, vou ensiná-lo a como encontrar o equilíbrio perfeito entre marginalizar e transformar o conflito em caos.

Pessoas minimizadoras e catastróficas

A maioria de nós tende a naturalmente fazer uma de duas coisas quando enfrentam grandes problemas ou conflitos: marginalizamos a questão (às vezes até ignoramos completamente) ou transformamos em caos e ficamos na defensiva, o que nos leva a aumentar o conflito, atacando as pessoas à nossa volta e adotando uma abordagem de ganhadores ou perdedores, nos tornando profundamente apegados às nossas posições (e, assim, adicionando lenha na fogueira).[i] Embora ambos sejam padrões de comportamento naturais, no fim nenhum é útil para criar mais paz ou tranquilidade. Quando você transforma tudo em drama ou catástrofe, as questões tendem a crescer em sua mente, e um problema se cria onde nada teria acontecido se tivesse deixado tudo na paz.[ii] Por outro lado, quando você ignora cada probleminha ou não lida com algo até ser tarde demais, permite que a situação se acumule tanto que a inundação se torna inevitável.

Em minha experiência, já observei pessoas em dois extremos do conjunto de reação — as minimizadoras e as catastróficas. As pessoas minimizadoras são as que tentam enterrar a cabeça na areia e ignorar todas as dificuldades.[iii] Elas se saem bem até precisarem lidar com um verdadeiro problema. Essas pessoas tendem a evitar e ignorar os transtornos por tempo demais em vez de lidar com a questão quando ainda é viável. Ao deixar de lidar com problemas menores quando eles surgem, as pessoas permitem que cresçam, criando passivamente uma bola de neve caótica.

Pessoas minimizadoras estão inclinadas a ver tudo como "não é grande coisa". São o oposto de hipervigilantes. Elas ignoram os problemas e seguem a vida como se tudo estivesse perfeito. Enquanto isso, as contas estão acumulando, seus parceiros as ignoram, seus filhos estão usando drogas ou outros problemas sérios estão surgindo. As pessoas minimizadoras tendem a não prestar atenção em nada até *precisar*. Quando algum minimizador vem até mim, muitas vezes os problemas já chegaram a um ponto em que pode ser muito difícil enxergar uma saída; o pagamento da hipoteca pode estar seis meses atrasado ou talvez seu cônjuge esteja no quarto *caso* e ele já não consegue mais fingir que não está vendo.

No outro extremo do espectro estão as pessoas catastróficas. Elas enxergam cada probleminha como um drama enorme. As pessoas catastróficas são as criadoras mais ativas do caos. Elas tendem a ser naturalmente ansiosas. Se preocupam com todos os "e se" e podem tentar reprimir a ansiedade tratando preocupações antecipadas como se fossem problemas verdadeiros. Quando estão descontroladas, elas fazem escolhas que levam ao resultado que estavam tentando evitar, colocam lenha na fogueira da ansiedade e, no fim, pioram toda a situação.

Embora Michelle não fosse uma pessoa catastrófica clássica, o impulso instintivo de abordar todos os problemas de uma só vez impediu sua capacidade de exercitar o bom senso e arriscou piorar a situação. Em nosso primeiro encontro, ela literalmente sentia que o mundo estava acabando. A sensação de total desamparo que Michelle tinha era penetrante. Nesse estado emocional de estresse, ela enfrentou um risco maior de tomar decisões ruins, o que provavelmente criaria mais problemas.[iv]

O efeito de bola de neve acontece tanto com as pessoas catastróficas quanto com as minimizadoras. A diferença é que as catastróficas muitas vezes criam ou exageram seus problemas ou conflitos, enquanto as minimizadoras evitam, até sair tanto de controle que não dá para ignorar por mais tempo. Independentemente de onde você e as pessoas em sua vida estejam nesse conjunto, a solução é a mesma: desfaça a espiral para diminuir a sensação de estresse. Mesmo se você for uma pessoa que vive em uma dessas polaridades, ainda pode reduzir o conflito com uma compreensão firme de como dividir as questões complexas uma a uma até se tornarem distintas para serem abordadas passo a passo, até mesmo diante de um conflito de grande risco. Vamos observar como, quando pressionados, a espiral pode acontecer com os melhores de nós.

A espiral do conflito

O fenômeno da espiral do conflito aparece na vida de muitos. Um pequeno problema é exagerado ou ignorado por tempo demais e, então, as coisas começam a sair de controle como uma bola de neve. Durante o divórcio, o estresse está alto o tempo todo e há uma infinidade de buracos repletos de conflitos para entrar. As emoções costumam estar tão fora de controle que a capacidade de pensar com clareza fica comprometida. Além disso, o próprio processo de divórcio no tribunal é praticamente moldado para agitar as emoções e criar problemas, incentivando os litigantes a apontar dedos um para o outro e causar mais conflito em vez de irem em direção a uma resolução. Com muita frequência, e emoções sobrecarregadas, a reatividade guia o processo em vez da razoabilidade.

É assim que a situação costuma acontecer: o cliente vai até o advogado desabafando sobre como sua vida está saindo de controle bem diante de seus olhos. O advogado entra no modo briga e começa a preencher moções com o tribunal acompanhado de declarações altamente inflamatórias (documentos legais assinados contando uma versão unilateral da história). O outro advogado revida, respondendo e, muito possivelmente, aumentando a discussão com alegações contrárias e cruzadas. Quando o cliente percebe, está envolvido em uma guerra jurídica confusa quando poderia estar passando por uma separação mais tranquila.

Com muita frequência, as emoções, em vez da racionalidade, guiam o processo — e é impossível saber o que vai acontecer. Infelizmente, quando não é controlada, nossa zelosa defesa tem a capacidade de causar danos colaterais não intencionais. O processo contraditório é praticamente moldado para gerar conflito — e é, muitas vezes, motivado pelo conflito com pouca oportunidade de conciliação. É claro, às vezes o tribunal é necessário, mas mesmo quando esse é o caso, o cliente sempre tem a opção de evitar competir com o futuro ex. Propor um cessar-fogo é sempre uma alternativa viável.

Embora alguns relacionamentos precisem terminar, e há situações em que o tribunal é necessário, muitas vezes a melhor maneira de resolver até mesmo os conflitos mais exaltados é respirar fundo, dar um passo para trás e abordar as questões uma por uma. É uma estratégia importante para ser lembrada quando estiver lidando com qualquer tipo de conflito. Apesar dos conflitos tenderem a cair sobre nós de uma só vez, quando você se disciplina para manter os pés no chão em meio a um grande conflito, pode impedir que a bola de neve ou a espiral causem um caos avassalador.

As pessoas minimizadoras podem desfrutar de um período de tranquilidade aparente, porém, no fim, a esquiva de conflitos permite que pequenos problemas saiam de controle, e elas podem ficar sobrecarregadas com o que parece ser um problema maior e mais profundo. O custo adicional de ignorar os problemas é que, com o tempo, eles podem não desaparecer sozinhos. Minimizar a importância de qualquer pequena questão ou conflito pode ser uma maneira ótima de passar por situações difíceis a curto prazo, mas tome cuidado para não exagerar. As contas que não foram pagas se acumulam.

As pessoas catastróficas também não estão imunes de criar caos. Elas são exatamente o oposto das minimizadoras. São aquelas que acabam no tribunal e sentem cada golpe como uma cacetada. A questão é que o pensamento catastrófico pode levá-las a criar problemas reais: uma série de desentendimentos aumenta de maneira desproporcional até se tornarem motivos para o divórcio. Se você já está envolvido em uma espiral de sua própria autoria, provavelmente não é tarde demais para voltar atrás. As pessoas catastróficas podem se sentir bastante fora de controle mesmo quando as coisas estão relativamente equilibradas, mas não importa o quanto sua atual espiral pareça descontrolada, você pode começar de onde estiver, com calma e de maneira contínua, até que as coisas comecem a fazer sentido e pareçam tranquilas.

Estratégias para parar a espiral

Existem três estratégias ótimas que você pode usar para suavizar a espiral do conflito: abordando uma questão de cada vez, com calma, e reconhecendo as pequenas coisas (que são mais comuns do que imaginamos).

1. Uma questão de cada vez

É de extrema importância que você aborde cada questão individual — uma de cada vez. Tentar abordar tudo de uma vez pode causar confusão e caos. Por exemplo, Michelle confundiu os sentimentos de preocupação com as filhas e com a mãe pelo desejo de se divorciar. Ao tirar um tempo para distinguir essas questões, ela foi capaz de se reconectar com o marido para que trabalhassem juntos na abordagem dos outros problemas.

Quando os problemas tiverem sobrecarregando você, em vez de permitir que o encontro de infortúnios pareça um turbilhão, faça uma lista com cada item que está lhe causando transtorno. Em seguida, aborde cada um de maneira individual, com calma.

2. Com calma

A maioria de nós conhece a frase de René Descartes: "Penso, logo existo." Porém, acho que um conselho menos conhecido do segundo passo de sua obra *Discurso sobre o Método* é ainda mais útil: "Divida cada dificuldade em quantas partes forem possíveis e necessárias para resolvê-la."[v] O que isso significa, basicamente, é que a maioria das coisas que definimos como "difíceis" são compostas por muitos desafios, conflitos ou problemas graduais; cada um deles pode ser superado. Quando começamos a separar cada um desses problemas, podemos começar a ver as soluções uma por uma. A catástrofe é evitada. Essa abordagem se aplica tanto quando estamos passando por uma questão interior comum quanto quando estamos no meio de um conflito interpessoal.

3. Não faça tempestade em copo d'água

Há uma razão pela qual *Não faça tempestade em copo d'água... e tudo na vida são copos d'água*, de Richard Carlson, vendeu mais de cinco milhões de cópias.[vi] Você pode começar a sair de situações conflituosas e prevenir discussões inúteis reconhecendo quando é a hora de dar as costas (por completo ou em parte). Escolhendo suas batalhas com cuidado, reconhecendo o que é realmente importante e fazendo as pazes com as imperfeições (suas e dos outros), você pode ajudar a prevenir a criação da espiral do conflito, que pode facilmente se tornar uma guerra.

Escrevendo para desfazer a espiral

Se você é propenso a entrar em espirais de conflito, pode ser útil analisar cada um dos cenários específicos que estão lhe causando transtorno. Além de acalmar a situação para as pessoas catastróficas, fazer listas e cronogramas pode ajudar as minimizadoras a abordarem os problemas antes que eles saiam de controle, e não apenas depois que saírem. Em vez de reprimir as preocupações, anote-as e programe um horário por dia ou por semana para abordá-las.

Faça uma lista dos problemas, como:

- "Eu tenho muitas responsabilidades."
- "Meu carro precisa de conserto o tempo todo."
- "Meu ex-marido sempre atrasa a pensão dos nossos filhos."
- "Não tenho tempo para me exercitar."
- "Eu não leio mais."
- "Sempre me sinto sozinho."

Depois de estabelecer os elementos individuais que estão contribuindo com a sua espiral, você pode começar a exercitar sua vontade fazendo pequenas mudanças nas circunstâncias. Nesse exemplo, depois de ter listado cada um dos seus problemas, observe com mais atenção as coisas que estão lhe incomodando e divida-as em etapas menores, se aprofundando mais e analisando o que está acontecendo em cada categoria. Mais uma vez, pegar um caderno e examinar o que realmente está acontecendo fará maravilhas pelo seu bem-estar quando as coisas parecerem estar saindo do controle. Como abordamos em outros momentos deste livro, fazer listas e escrever em cadernos são ótimos recursos para obter clareza.

É aqui que separar "uma questão de cada vez" de "com calma" ajuda na organização. Primeiro, faça uma lista separando os seus problemas em questões distintas. Por exemplo, "eu tenho muitas responsabilidades" pode ser dividido em cada responsabilidade específica. Em seguida, gere uma lista de etapas para lidar com cada questão. Por exemplo, criar um cronograma dividido em horários pode ajudá-lo a lidar com a sensação de sobrecarga, ou talvez só seja preciso criar uma lista, voltar nela quando o sentimento esmagador surgir e riscar cada item quando for resolvido.

Por outro lado, ao organizar os itens da lista em duas categorias, vários podem ser abordados em grupo. Por exemplo, "não tenho tempo para me exercitar" e "eu não leio mais" podem ser resolvidos criando (e seguindo) um cronograma que inclui um horário para cada um.

Descompactar "eu tenho muitas responsabilidades" pode ser assim:

Faça uma lista de todos os itens que você considera de sua responsabilidade. Por exemplo:

- Cozinhar.
- Faxinar.
- Transportar os filhos.
- Reformar a casa.

- Liderar um comitê.
- Preencher documentos.
- Cuidar da sua mãe.
- Responder ao seu supervisor.
- Orientar sua equipe.
- Presidir reuniões.
- Ministrar duas aulas de ioga.

Ao lado de cada item da lista, indique quais coisas são claramente delegáveis, quais você realmente precisa fazer e quais deseja fazer. Desenhe uma linha por cima dos itens que você pode abrir mão. Em seguida, delegue o que puder e escreva o nome da pessoa para quem está delegando ao lado de cada um dos itens. No meu caso, preciso gravar as entrevistas do meu *podcast*, mas criar conteúdo para as redes sociais é algo que posso facilmente passar para alguém. É claro que verificar com a pessoa a quem você está delegando a tarefa pode ser um item adicionado na sua lista de responsabilidades, mas é um que exige consideravelmente menos tempo.

Sinta-se confortável em delegar

Durante muito tempo, lidei sozinha com todos os aspectos do meu negócio e da minha vida. Além de ser advogada, mediadora, palestrante e autora, achava que eu também tinha que fazer minha publicidade, pesquisa, divulgação, site, otimização da ferramenta de pesquisa — qualquer coisa. Eu que fazia. Não era diferente em casa. Durante anos, fiz a maior parte do transporte, da organização, das compras e das providências familiares (observe que não disse limpeza, pois sempre me senti confortável deixando outra pessoa cuidar disso)! Era loucura. Eu estava sempre com o celular na mão tentando acompanhar as coisas no trabalho enquanto lidava com as tarefas de casa, fazendo tudo meia-boca, na melhor das hipóteses.

Percebi que atribuía a culpa do meu estresse ao meu marido. Eu sentia que *precisava* fazer tudo quando, na verdade, ele é bem competente e podia cuidar de muitas das responsabilidades que eu estava fazendo serem problemas meus. Quando percebi que ele também poderia lidar com as coisas e o mundo não acabaria, senti-me mais confortável para passar tarefas no trabalho.

Você pode ter feito tanta coisa sozinho por tanto tempo que nem percebe que tem a capacidade de passar uma tarefa específica para outra pessoa, mas ficaria surpreso. Embora possa demorar no início para estabelecer uma nova maneira de fazer as coisas, valerá a pena no final. Apesar de seus filhos estarem acostumados com seus sanduíches caprese cuidadosamente preparados com fatias de manga para acompanhar, provavelmente sobreviverão ao almoço oferecido pela escola ou às escolhas de alimentação do seu parceiro. (Seus filhos podem até preferir um almoço que preparam para eles mesmos.)

À medida que considera quais responsabilidades quer manter e quais quer se livrar, você começará a observar que outros podem fazer a sua tarefa e que nem tudo precisa ser feito — pelo menos não exatamente como você faria. (O que pode parecer *perfeito* para você.) Bom o bastante pode, de fato, ser a perfeição! Assim como consideramos as necessidades e desejos na "Parte II: A história emocional importante", faça novamente a pergunta sempre importante: *por quê?* A sua vontade de manter uma responsabilidade específica é uma necessidade ou um desejo? Avalie cada uma de suas obrigações, uma por vez. Analise o melhor e o pior resultado se mantiver a responsabilidade. Depois, analise o melhor e o pior resultado se você passar a tarefa para outra pessoa. Talvez seja algo que você pode abrir mão por completo; realmente não importa se as roupas estão dobradas no meio, mesmo que você odeie dessa forma. E, que horror, também não há problema se cada membro da família lavar as próprias roupas ou pegar as que estão limpas da pilha que está na sua cama. Você acabou de economizar uma hora por dia (além de espaços valiosos na sua mente).

Esse método se aplica ao controle da ansiedade e aos problemas interpessoais que podem estar acumulando, como aconteceu no caso de Michelle. Para evitar que os problemas virassem uma bola de neve e que ela chutasse o marido para escanteio por conta do alívio aparente que isso traria, Michelle analisou cada parte do que estava causando seu desconforto individualmente. Isso permitiu que ela se afastasse da perspectiva catastrófica que estava permeando seus pensamentos e saísse da beira do divórcio. Quando um pensamento ou reação catastrófica está acontecendo, costuma-se dizer que dar um passo para trás é a melhor maneira de seguir em frente.

CONCLUSÕES PRINCIPAIS

- Reflita como você encara os seus problemas — a frase "uma coisa de cada vez" é uma que todos conhecemos; desacelerar a forma como enxerga o problema o ajudará a lidar com as dificuldades de maneira mais realista.
- Desfaça sua espiral: faça uma lista de cada item que está lhe causando transtorno e, em seguida, divida-os em seus componentes mais viáveis incluindo o *porquê* sempre importante para ajudar a combater a sensação de sobrecarga.
- Analise se você está "catastrofizando" ou minimizando os problemas na sua vida. Inclua um exercício de respiração e um mantra para acalmar o estresse e resolver os problemas.

CAPÍTULO DEZ
Encontrando equanimidade

Para ter bons relacionamentos é preciso um processo contínuo. No fim das contas, a realidade é que raramente há términos ou "resoluções" firmes para o conflito: apenas gerenciamento. Mas sem problemas. O importante é abrirmos oportunidade para diálogos sólidos e vulneravelmente honestos com as pessoas em situações que mais são relevantes para nós. Parte do problema é que somos apegados demais à ideia da paz. Aceitar que a paz nunca é duradoura ajudará você a lidar melhor com o conflito, permitindo que se esforce para manter seus relacionamentos em meio a todos os obstáculos no caminho.

Como vimos ao longo deste livro, a arte de se dar bem com outras pessoas envolve dois lados diferentes: o gerenciamento interno e o externo. A parte interna é como pensamos e nos sentimos em relação ao conflito. Quando estamos em um estado emocional agitado, não pensamos com clareza e somos impulsivamente reativos em vez de responsivos. A parte exterior é como agimos quando estamos desconfortáveis ou pressionados. As ações podem, por sua vez, criar ou evitar mais conflito tanto com você mesmo quanto com as pessoas ao seu redor. Você só pode começar a mudar essa dinâmica na sua vida quando abordar as partes internas e externas, criando assim relacionamentos mais fortes em casa, no trabalho, no mundo e consigo mesmo. A duração do seu bem-estar depende da qualidade dos seus relacionamentos. Você sempre irá discordar de alguém que faz parte da sua vida, mas pode fazer isso de uma melhor forma. Precisa sempre se perguntar se a indignação justificada vale o potencial custo da discussão.

Quase cinco anos atrás, meu pai ficou muito doente. Nós éramos muito próximos; ele era meu maior torcedor, mas também uma pedra enorme no meu sapato (desculpa, pai). Eu estava morando no oeste de Massachusetts com meus três filhos pequenos e meu marido, e meu pai estava no Hospital Lenox Hill, na cidade de Nova York. Antes de eu chegar no hospital, ele estava com insuficiência respiratória aguda e foi colocado em coma induzido. Nas nove semanas seguintes, com apoio do meu irmão, meu marido e da minha mãe (a primeira ex-esposa do meu pai), passei quase todo o meu tempo com ele sentada ao lado de sua cama, falando com os médicos, com a namorada e com a ex-esposa (minha ex-madrasta). Felizmente, meu pai recuperou a consciência e, embora nunca mais pudesse ter independência completa, conseguiu viver o resto de sua vida perto da minha casa em Massachusetts.

Durante os anos em que meu pai esteve doente, seus cuidados passaram a ser responsabilidade do meu irmão e minha. Meu irmão e eu sempre fomos muito próximos. Ele é histericamente engraçado (se não *um pouquinho demais* na área do sarcasmo) e sempre generoso. Porém, quando se tratava dos cuidados do meu pai, nem sempre concordávamos. Eu sou, de maneira complicada, tanto uma pessoa minimizadora quanto catastrófica (depende dos fatos e das circunstâncias), e essa situação apresentou muitas reviravoltas malucas. Em certo ponto, nossa dinâmica poderia ter saído dos trilhos, mas em vez de nos aprofundarmos nos pontos em que discordávamos, nos apoiamos em nossos respectivos pontos fortes e encontramos uma maneira de dividir nossas responsabilidades de forma que fosse melhor para os cuidados do nosso pai e que fortalecesse nosso relacionamento. Da minha perspectiva, temos muita sorte porque fomos treinados sem querer pelo exemplo dado por nossos pais após o divórcio para ter fortes habilidades de gerenciamento de conflitos.

Observe como o Método SIM funcionou para nós: estávamos muito cientes das nossas respectivas forças e fraquezas quando se tratou de lidar com os problemas difíceis que caíram no nosso colo. Reconhecemos o nosso papel e ficamos dentro de nossas áreas. Eu pude pesquisar opções de tratamento de maneira minuciosa, mas não tinha espaço mental para fazer o orçamento para custear os cuidados. Meu irmão, por outro lado, estava menos disposto a entrar em detalhes do que meu pai precisava exatamente em termos de cuidados, mas foi fenomenal em fazer todas as logísticas financeiras funcionarem. Em grande parte, meu irmão cuidou de gerenciar e organizar o lado comercial das coisas, enquanto eu lidei com o tratamento diário do meu pai. Apoiamos um ao outro conforme necessário para que tudo ocorresse bem. Ambos estávamos em contato com a nossa história emocional e tivemos o cuidado de satisfazer nossas próprias necessidades e nossos sentimentos de amor, dever e obrigação para com o nosso pai.

A minha necessidade emocional era de me certificar de ser uma filha atenciosa. Para satisfazê-la, dei o meu melhor para garantir que meu pai estivesse envolvido com as pessoas enquanto estivesse longe da cidade de Nova York e que minha família e eu passássemos o máximo de tempo possível com ele enquanto ainda estava vivo. A necessidade emocional do meu irmão era de ser zeloso e amoroso de uma maneira mais pragmática: lidando com as finanças. Meu irmão sempre me apoiou e cuidou das coisas quando eu não podia. Nós arquivamos coisas naturalmente (talvez tenhamos sido ensinados desde pequenos). Quando se trata da comunicação um com o outro, nós temos limites nítidos. Arquivamos conversas que potencialmente virariam explosões e esperamos para discutir as partes importantes quando os dois estivessem mais calmos. Quando se trata do relacionamento, para ir mais fundo, definitivamente sou uma pessoa mais transparente e, embora meu irmão seja mais reservado em termos comparativos, ele também é sincero de sua própria maneira. Por conta do nosso relacionamento positivo de longa data, era bem fácil para os dois chegarem na causa quando o conflito surgia. Nosso pai faleceu um ano antes da escrita deste livro, e meu relacionamento com o meu irmão continua a evoluir à medida que superamos novos conflitos. Nós dois queremos passar um tempo juntos com nossas famílias, mas o local é sempre um problema. Nossos filhos se amam e, às vezes, eles não se dão tão bem. A convivência é uma troca constante. Compromissos, concessões e permissões abrem caminho para que possamos lidar com os conflitos entre nós e dar o exemplo agora para os nossos filhos. Mesmo quando você é bom em lidar com ele, o conflito continua surgindo.

O valor da equanimidade

Como mencionei na introdução, se você realmente quer colocar o seu bem-estar mental e físico no centro da sua vida, alcançar a sensação de equanimidade nos seus relacionamentos é importante. Como nos relacionamos com parceiros, amigos, família, colegas de trabalho, conhecidos e até mesmo estranhos importa. Para se dar bem com outras pessoas, especialmente quando é pressionado, você precisa estar equilibrado consigo mesmo. O equilíbrio é o que permite entrar no ritmo e esclarecer o seu papel. Ele fornece a capacidade de abrir um espaço neutro e de escutar. O equilíbrio proporciona força para começar a estabelecer melhores limites.

A equanimidade é o que dá a sensação de equilíbrio interior. É um sentimento de calma e tranquilidade. Mesmo quando é difícil, desenvolver esse músculo é importante, pois fornece apoio para a sua capacidade de desenvolver relacionamentos saudáveis durante a vida toda. Sem relacionamentos fortes e duradouros, a sua saúde sofre. Então, ironicamente, fazendo um esforço para se dar bem com outros, até mesmo com pessoas difíceis e em situações complicadas, sua vida ficará melhor.

O desafio contínuo é ver cada novo conflito como uma oportunidade em vez de uma catástrofe. Embora às vezes discordemos, somos teimosos e até um pouco cabeças-duras, meu irmão e eu concordamos que nosso relacionamento é importante. A sensação de equanimidade, tranquilidade mental e compostura prevalece.

Usando o Método SIM, você compreende agora que a melhor forma de lidar com o conflito é não abordá-lo como um jogo de vencedores e perdedores. Em vez disso, é uma abordagem em que todos saem ganhando, mesmo nas diferenças interpessoais mais intensas. Às vezes, um acordo pode ser facilmente alcançado. Começa com as duas pessoas dando um passo para trás para poderem seguir em frente. Em vez de se exaltar, cada uma pode analisar as opções com equanimidade. Por exemplo, embora seja importante para um parceiro a cozinha estar sempre limpa antes de irem dormir, para o outro pode ser mais importante se sentarem à mesa sem pressa, mesmo que fique muito tarde para lavar cada louça.

Não importa como o conflito for resolvido, eu espero que você encare com uma sensação de calma, reservando o tempo que precisar para determinar quando se comprometer, quando abrir mão e quando arquivar ou terminar a interação. Quando as dinâmicas parecem desafiadoras, chegar a uma sensação de calma pode parecer inacessível. Desacelerar a sua mente é uma ótima maneira de abrir caminho para relaxar. Observe algumas formas simples de convidar a equanimidade para a sua vida a partir de agora.

A importância do sono

Pode parecer óbvio, mas se você está se sentindo fora de órbita e confuso, se pergunte se dormiu o suficiente. Para um pensamento claro, o descanso é essencial. O sono é restaurador e permite que o cérebro seja reparado todos os dias. Se você tem problemas para dormir, certifique-se de que está cuidando da sua higiene do sono.

- Mantenha um horário de sono consistente.
- Limite cochilos durante o dia.
- Coma alimentos saudáveis.
- Desligue luzes fortes e dispositivos meia hora antes de dormir.

- Preste atenção na sua alimentação — não vá dormir de barriga cheia ou com fome.
- Crie um ambiente relaxante.
- Use um aplicativo de meditação para dormir.

Claro, só o sono não vai acalmar a mente ansiosa e reativa. No entanto, ele irá prepará-lo para se envolver no Método SIM da melhor maneira possível. Uma mente bem descansada é mais acessível para autorreflexão, mudar hábitos, ouvir os outros e criar consciência sobre o que é mutável e o que deve ser aceito. Remédios para dormir devem ser usados minimamente. No entanto, quando necessário, com os cuidados de um médico, podem ser úteis em alguns casos.

Comprometimentos, concessões e permissões

Às vezes, abrir mão de um relacionamento é a única opção. Existem situações e dinâmicas que não são saudáveis e, nesses casos, ir embora é uma necessidade. Porém, em grandes e pequenos casos, algumas vezes um comprometimento ainda pode ser a melhor maneira de seguir em frente. Se perceber que está disposto a parar de falar com alguém ou terminar um relacionamento, reflita se essa relação é importante para você por outras razões.

Rachel, uma pessoa influente em uma grande empresa de investimentos, estava abordando John, um banqueiro poderoso, para levar seus negócios para a empresa. Depois de algumas semanas, ela conseguiu a cobiçada reunião presencial, que terminou com o banqueiro fazendo uma oferta fantástica para Rachel levar aos sócios. Quando estava saindo, John disse a ela: "Isso nunca teria acontecido se você não fosse tão teimosa." Rachel ficou envergonhada por ser chamada de teimosa. Ela se sentiu constrangida e muito insultada. Rachel não queria desistir do acordo, porém estava desconfortável com o comprometimento interno que percebeu que estava fazendo. Ela queria repreendê-lo e dar uma boa resposta sobre o que era ser "teimosa". Mesmo chateada, ela sabia que era uma má ideia. Por outro lado, ela não queria ir embora sem dizer nada. Decidiu ficar no meio-termo. Em vez de recusar a oferta e agradecê-lo pela atenção, ela retrucou, com um sorriso gentil e firme: "Persistente."

Embora o comentário de John tenha incomodado Rachel, ela não permitiu que o impulso de puni-lo por usar uma palavra tão misógina prevalecesse. Rachel se defendeu graciosamente e fechou o acordo. As concessões que escolhemos fazer são pessoais e não são de tamanho único. Nesse caso, o que John disse com certeza é uma microagressão e alguns poderiam ter visto como algo tão antagônico que o negócio não valeria a pena. Rachel, por muitas razões, incluindo o fato de que desistir do acordo que gastou tanto tempo e energia para fazer teria sido mais prejudicial a ela do que a John, decidiu não ligar. Às vezes, comprometer-se (até mesmo com você mesmo) é a melhor forma de avançar. Lembre-se, você tem o arbítrio para decidir quando se comprometer e quando dar as costas.

O comprometimento, claro, é quando acordos são alcançados com aceitação das duas partes — fazendo concessões ou permissões para o que a outra pessoa deseja. Concessões e permissões, por outro lado, são mais uma via de mão única. São o que oferecemos para alguém sem um óbvio *quid pro quo*. Fazemos uma concessão simplesmente porque sentimos que é certo ou permitimos porque não temos outra escolha. Por exemplo, podemos fazer mais permissões comportamentais, certas ou erradas, para um filho neurodivergente do que para os outros. Na maioria das vezes, o comprometimento fará com que você se sinta completo e satisfeito. Concessões e permissões farão com que você sinta que fez o que tinha que fazer. Às vezes, quando duas pessoas fazem concessões e permissões uma à outra, podem chegar a um comprometimento. Pode ser como uma dança.

Quando meu irmão e eu estávamos lidando com os cuidados do meu pai, fizemos muitas concessões um ao outro, que, juntas, formaram um comprometimento. Eu achava que meu pai precisava estar com pessoas conhecidas todos os dias. Meu irmão queria tomar certas decisões financeiras. Podíamos opinar nas escolhas individuais um do outro, mas, a favor do equilíbrio, demos permissão para cada um fazer o seu melhor em seus respectivos papéis. Isso não significa que não houve conflitos. Por exemplo, em um momento, achei que meu pai precisava de mais acompanhantes contratados (o que era relacionado aos cuidados, minha área), mas custava dinheiro (o que era responsabilidade do meu irmão). Em vez de fazer *cabum*, conversamos e chegamos a um acordo mútuo que beneficiava meu pai e nosso relacionamento como irmãos. Foi uma troca contínua. Em um mundo perfeito, os dois lados farão isso, mas, às vezes, apenas uma pessoa na dinâmica tem os recursos para enxergar o que está acontecendo de uma perspectiva mais ampla.

Às vezes, especialmente em relacionamentos de longa data, concessões e permissões são necessárias. Por exemplo, pode ser importante para um parceiro sempre chegar cedo nos lugares, enquanto o outro está sempre atrasado. A solução para esse conflito pode ser chegar a um acordo em que vocês concordam em quais lugares é essencial chegar cedo (aeroporto) e quando chegar atrasado não é importante (uma reunião casual). Para compromissos que não se encaixam com facilidade em nenhuma das duas categorias, a solução pode ser concordar em chegar dentro de quinze minutos do horário de início ou você pode preferir apenas chegar separadamente, cada um em seu tempo. Uma concessão é quando você concorda com algo sem ganhar nada em troca. Por exemplo, se você é casado com alguém que está sempre atrasado, pelo bem do relacionamento, pode ter que aceitar chegar tarde em todos os eventos, exceto os mais urgentes. No início, parece que, quando se trata de concessões, você só dá e não recebe, mas analisando mais a fundo, as concessões e as permissões nos presenteiam com longevidade e estabilidade sem um custo significativo.

Concessões e permissões são as pequenas doações que temos que fazer de modo constante, se não diário, para sobreviver em um mundo em que as pessoas enxergam e desejam coisas diferentes de nós. Quando você consegue o que deseja (assistir ao filme de comédia romântica em vez do suspense de espionagem que seu parceiro preferiria, por exemplo), precisa doar um pouco para manter o equilíbrio. E então, para poder assistir à sua preferência cinematográfica, concorde em jantar na churrascaria favorita do seu parceiro, mesmo querendo muito sushi e saquê. Tudo se resume ao ciclo de dar e receber. Pequenos desentendimentos que, de outra forma, poderiam desgastar um relacionamento, podem, em vez disso, ser resolvidos por meio de pequenas aproximações.

Celeste era professora em uma universidade famosa. Seus filhos já estavam crescidos e tinham a própria vida e, nesse momento, o trabalho era tudo para ela. Celeste se dedicava por completo e isso lhe trazia uma alegria imensa. Quando ela perdeu a posição na universidade, pois decidiram acabar com o departamento inteiro, foi um golpe enorme em seu senso de justiça, bem como em seu senso de identidade. Em vez de aposentá-la cedo, a administração encontrou uma maneira para ela continuar lecionando um curso semelhante em uma área de especialização diferente. Perder seus colegas devido ao que parecia um processo muito injusto levou Celeste a questionar se estava fazendo a coisa certa ao continuar na universidade e, mesmo assim, por razões pessoais e financeiras, ir embora não era uma opção viável. Ela permitiu-se ficar decepcionada pelo ambiente de trabalho que perdeu. Depois, fez uma lista do que precisava para recuperar a sensação de equanimidade no emprego. Celeste abriu mão do seu senso de justiça porque sabia o que precisava fazer pela família e pelo próprio bem-estar, que era manter o emprego. Ela fez permissões e concessões, mesmo que apenas em sua mente, para as maneiras diferentes de seus novos colegas fazerem as coisas. Dessa forma, ela conseguiu permitir que novos relacionamentos saudáveis se desenvolvessem com o tempo.

A necessidade por equanimidade de Hillary e Simone

Hillary e Simone foram encurraladas e falharam em reconhecer a importância relativa do relacionamento entre elas, interromperam conversas significativas sem se ouvirem, falharam em ajustar os limites uma com a outra, e não fizeram nada para serem vulneráveis com elas mesmas para mudar o rumo da situação. Elas eram amigas há muito tempo e realmente valorizavam a relação. Mesmo assim, não tinham as ferramentas para lidar com as diferenças. Em vez disso, simplesmente se separaram. Porém, vamos supor que Hillary e Simone conseguiram salvar a amizade usando o Método SIM, com o objetivo de alcançar a equanimidade por meio de comprometimentos, concessões e permissões.

Poderia ter sido tão diferente. Em vez de pararem de se falar, as duas podiam ter levantado a bandeira branca. Isso não significa que teriam se tornado melhores amigas imediatamente como já haviam sido, mas com a história que compartilhavam, poderiam ter aberto um caminho em que não sumissem da vida uma da outra. Poderia ter começado com uma delas apenas compartilhando um meme engraçado ou enviando uma mensagem de texto. Ou, se não tivessem brigado tanto, talvez, mesmo discordando sobre o futuro dos negócios, elas poderiam ter continuado a passar os feriados juntas, só uma vez por ano, ou se encontrarem em um restaurante conhecido e amado pelas duas com suas famílias apenas para conversar. Embora o negócio conjunto não fosse durar muito tempo, a dinâmica entre elas ainda tinha muitos pontos fortes. Elas confiavam uma na outra e tinham um senso de humor parecido. Conheciam as famílias uma da outra e conseguiam se comunicar com poucas palavras. Se tivessem conduzido esse término de outro jeito, ao longo da vida, poderiam ter tido o conforto de uma velha amiga para desabafar quando as coisas estivessem difíceis e para comemorar quando estivessem boas.

É claro, mesmo que Hillary e Simone tivessem adotado o Método SIM e superado o conflito, novos problemas com certeza apareceriam com o tempo. Talvez acontecesse durante as férias em família ou em um almoço com amigos. Simone e Hillary tinham temperamentos e desejos diferentes — e, mesmo assim, poderiam ter continuado amigas e até apoiado os empreendimentos comerciais uma da outra. Em vez de ficarem na defensiva e terminar a amizade, poderiam ter feito algo diferente. Entender o papel de cada uma na dinâmica poderia ter aberto caminho para uma melhor solução de conflitos no futuro. Com o tempo, poderiam ter se garantido de usar o Método SIM para ajudá-las a conquistar quaisquer obstáculos que ameaçassem atrapalhar a amizade das duas. Ambas poderiam ter reagido ao conflito com equanimidade, arquivando quando fosse necessário e estando dispostas a se comprometerem ou fazendo concessões e permissões. A amizade poderia ter recebido a chance de evoluir. Em vez disso, murchou.

Abra espaço para um dia mais tranquilo

O fim de cada conflito convoca um momento para relaxar e aproveitar uma sensação de tranquilidade. Nos permite perceber quando estamos bem e quando podemos tirar a armadura. Em cada final, há um novo começo, um momento para sentir as energias renovadas. E, no entanto, a menos que os relacionamentos realmente terminem (que é a resposta só em raras circunstâncias), os fins só acontecem de verdade quando enfrentamos o conflito com equanimidade, nos comprometendo e fazendo concessões e permissões contínuas.

Por exemplo, no processo de divórcio, quando já não se pode mudar o Acordo de Separação, esse deve ser o ponto-final da negociação. Distribuição de propriedade, alocação de dívida, pensão, custódia e todas as questões relevantes já foram resolvidas e não há nada mais a ser discutido. Porém, a vida é cheia de surpresas e, mesmo quando as regras básicas da estrada pós-divórcio já foram estabelecidas, há uma necessidade constante de continuar a ajustar ou desenvolver o acordo. E, é claro, algumas pessoas enxergam o ponto-final como um convite para começar a briga do zero. Infelizmente, o divórcio, em alguns casos, não para por aí. Se você perceber que está em um ciclo interminável de discussão com uma pessoa irracional, é particularmente importante que esclareça o seu papel, mantenha as suas emoções controladas e arquive as conversas que podem esperar. Você receberá melhores resultados duradouros tanto no momento quanto de forma contínua.

O conflito pode fazer com que você se sinta vazio, frustrado, desconectado e sozinho. Quando ele surge, ao se lembrar de que isso é apenas uma fase e que vai passar, você cria oportunidades para suas emoções se acalmarem. Com essa perspectiva, você pode se sentir mais calmo, até mesmo no meio da tempestade.

Você pode planejar um futuro melhor explorando como os comprometimentos, as concessões e as permissões podem abrir espaço para uma dinâmica mais madura e forte, e permitir que seus relacionamentos continuem crescendo e evoluindo.

Comprometimentos ou concessões por meio do exercício

Observe uma rápida lista de ideias para refletir se você não tiver certeza de onde o seu relacionamento está equilibrado no eixo que vai de capacho a controlador.

Para o propósito desse exercício, "parceiro" se refere à outra pessoa no relacionamento que você está avaliando, seja seu cônjuge, parente, amigo, colega de trabalho etc.

CONTROLADOR	EQUILIBRADO	CAPACHO
Você espera e exige que seu parceiro aja de acordo com a sua disponibilidade.	Vocês estão dispostos a negociar os conflitos de disponibilidade.	Você sempre faz o possível para agir de acordo com a disponibilidade do seu parceiro.
Independentemente das circunstâncias, do seu jeito é o único resultado aceitável.	Você se sente confortável para pedir o que deseja e em ouvir as necessidades do seu parceiro.	Você se sente culpado quando pede para o seu parceiro fazer algo por você ou para lhe dar algo.
Você faz o que quer e sabe que seu parceiro sempre organiza a sua bagunça (de modo físico, emocional e financeiro).	Você cuida das suas responsabilidades e organiza sua bagunça (de modo físico, emocional e financeiro).	Você sempre está organizando a bagunça da outra pessoa, cuidando das responsabilidades e dando desculpas por suas falhas ou defeitos.
Quando seu parceiro lhe decepciona, você o informa de forma agressiva e direta.	Você é capaz de informar de forma respeitosa ao seu parceiro quando ele o decepciona.	Você fica desconfortável em apontar os defeitos do seu parceiro e tende a evitar confrontos.

CONTROLADOR	EQUILIBRADO	CAPACHO
Ser honesto e franco é mais importante do que tentar proteger os sentimentos do seu parceiro.	Vocês se sentem à vontade discutindo assuntos desagradáveis e estão dispostos a ouvir um ao outro.	A harmonia com o seu parceiro é mais importante do que expressar seus pensamentos.
Você faz o que for preciso para ter o que quer.	Vocês fazem concessões ou comprometimentos, mas ainda são firmes com questões importantes quando não concordam.	Você normalmente engole o seu orgulho pelo bem do relacionamento.
Estar com a razão é o que mais importa para você.	Sempre há uma solução que satisfaz mais ou menos a todos.	A paz é mais importante do que tudo.
A única maneira satisfatória de terminar uma discussão é fazer com que o seu parceiro concorde com a sua opinião.	Vocês podem concordar em discordar, se comprometerem ou fazer concessões, e ainda ficarem satisfeitos com o resultado.	Você constantemente se submete aos pensamentos e opiniões do seu parceiro, independentemente do que pensa ou sente.

Embora o cunho dessa avaliação seja bem simples, é uma ótima maneira de fazer você começar a observar suas respostas habituais ao conflito. À medida que passa por cada interação, reflita quais respostas diferentes você pode ter para obter um resultado mais equilibrado.

Relacionamentos saudáveis têm um sistema equilibrado de compromisso de dar e receber ao longo do tempo. Às vezes, concessões e permissões, que são unilaterais por definição, são necessárias para criar esse equilíbrio a longo prazo. No entanto, se você perceber que está constantemente abrindo mão porque acredita ser mais fácil só "dançar conforme a música", atenção: você pode se perder. Se isso o descreve, com o tempo, você pode ressentir o seu papel em qualquer relacionamento. O seu hábito de sempre dizer a si mesmo que o seu ponto de vista ou desejo não é muito importante pode ter retornos cada vez menores. As concessões feitas só por um lado do relacionamento que sempre acontecem pelo "bem da relação" podem corroer a dinâmica com o tempo, criando uma falta de equilíbrio entre os dois.

Por outro lado, se você sempre consegue o quer, embora possa ser bom pessoalmente, reflita o impacto negativo que esse desequilíbrio traz para o seu relacionamento. Abra espaço para outras pessoas expressarem seus pensamentos, opiniões e desejos. Fazendo isso, você constrói oportunidade para o consenso e para o seu relacionamento crescer. Se você está se doando ou falando demais, é hora de voltar ao primeiro passo do Método SIM e se perguntar como você está contribuindo ou criando esses problemas.

Algumas relações precisam acabar. Porém, muitas vezes, ao se envolver no Método SIM, podemos ter bons relacionamentos. Se não perfeitos, pelo menos melhores. Se relacionar bem é realmente uma arte. Precisamos abordar como pensamos, nos sentimos e agimos. Ao reservar um tempo para passar por todos esses processos, você constrói a oportunidade de se sentir mais completo na sua vida, nos seus relacionamentos e no mundo.

CONCLUSÕES PRINCIPAIS

- Sua saúde é amparada pelo alcance da tranquilidade ou equilíbrio interior ou pela sensação de equanimidade nos seus relacionamentos.
- O comprometimento é um processo diário necessário, e este livro oferece exercícios mentais que o ajudarão a se comprometer — mesmo quando for difícil.

- Às vezes, concessões e permissões são necessárias para manter um relacionamento a longo prazo, mas cuidado para não permitir que a dinâmica do relacionamento fique desequilibrada.
- Volte ao Método SIM sempre que necessário, até que os passos se tornem tão indiscutíveis quanto respirar e façam parte da sua evolução diária.

Posfácio

Quando a cooperação não for possível, em vez de acabar com um relacionamento, lembre-se de que muitas vezes pode funcionar em uma estrutura paralela. Relembre as ferramentas do Método SIM que você tem à sua disposição quando chegar em um consenso for impossível.

Controlar expectativas, reconhecer limitações e analisar as emoções que nem sempre funcionam em sintonia é uma boa opção. Ter bons relacionamentos e sentir-se bem em todas as circunstâncias da sua vida às vezes dependerá de uma dança bem coreografada, dando aquele passo para trás para reconhecer quando faz sentido empurrar, puxar e estimular, e quando dar as costas. Quando o conflito parece impossível, reflita sobre o seu papel, analise a história emocional e arquive a conversa ou relacionamento quando o incentivo resultar em um ciclo de discussão sem sentido.

Lembre-se, *o segredo para bons relacionamentos* é que, na maioria dos casos, embora você nunca tenha relacionamentos perfeitos, usando o Método SIM, eles podem ser *melhores.*

Leituras adicionais

A Arte da Imperfeição, de Brené Brown

O poder do hábito, de Charles Duhigg

Mindset: A nova psicologia do sucesso, de Carol Dweck

Conversas cruciais, de Joseph Grenny, Ron McMillan, Kerry Patterson e Al Switzler

Defina limites e encontre a paz, de Nedra Tawwab

You're Not Listening: What You're Missing and Why It Matters [sem publicação no Brasil], de Kate Murphy

Respire: A nova ciência de uma arte perdida, de James Nestor

High Conflict: Why We Get Trapped and How We Get Out [sem publicação no Brasil], de Amanda Ripley

Melhor do que antes, de Gretchen Rubin

Practicing Mindfulness: 75 Essential Meditations [sem publicação no Brasil], de Matthew Sockolov

Como chegar ao sim, de Roger Fisher e William Ury

Negocie como se sua vida dependesse disso, de Chris Voss e Tahl Raz

Agradecimentos

Obrigada aos meus clientes e mentores, sem os quais este livro não seria possível.

Agradeço aos meus agentes e equipe na Aevitas Creative Management; Jen Marshall por sua brilhante conversa direta, visão e amizade; Justin Broukaert por seu otimismo calculado, sabedoria e por me ajudar a trazer mais um livro para o mercado; e Erin Files por garantir os direitos na China e em outros lugares.

Sou muito grata a Alexis Gargagliano, meu editor de desenvolvimento, que colocou minha criatividade em pleno funcionamento quando este projeto ainda estava em idealização; e Wendy Foster, minha querida amiga e editora de propostas, por seu trabalho incrivelmente detalhado, levando este projeto a ser um produto coeso. Sem esses dois, talvez ainda estaria com meus pensamentos e palavras girando de maneira não tão coesa nas páginas.

Obrigada à minha editora incrivelmente prática, perspicaz e generosa, Anna Michels, por seu tempo, cuidado e atenção (e por reservar um tempo para comparecer aos meus TEDs!) e à equipe inteira da Sourcebooks por levar este livro para o mercado.

Sou muito grata por muitos outros que me apoiaram de inúmeras maneiras. Georgia Uy, que faz muito por mim nos bastidores. Jill Sherer Murray, uma gênia criativa e minha maior torcedora. Susan Guthrie, minha colega, amiga querida e mentora (e sim, você *pode* fazer amizades verdadeiras nas redes sociais!). Lauren Hollander, assistente social, por reservar um tempo para revisar cada página de conteúdo com uma santa paciência.

Um enorme obrigada à Dana Weiner e Atara Twersky, minhas professoras, almas gêmeas, consultoras de moda e melhores amigas de longa data que me ajudaram a superar o COVID (e muito mais). À Pearl Lockwood, Lynne Strasfeld, Cheryl Knopp, Jennifer Bracco e Danielle Demaio por seus dons de escuta — especialmente nos momentos mais difíceis.

E a todas as minhas amigas incrivelmente animadas, sábias, solidárias e poderosas: Lisa Goldstein, Lisa Kaufman, Lisa Potash, Andrea Cohane, Pauline Cacucciolo, Katrien van Eetvelde, Amy Shatz, Caryn Brause, Leslie Skantz, Valerie Vignaux, Robin Rudowitz, Jill Falcone, Mara Hatzimemos, Renee Wetstein, Amy Richter, Jessica Berrien, Jenny Yang, Tina Finneran, Julie Jurman, Kim Lehrman, Beth Notar, Karen Soren, Elissa Miller e Trish Peterson (que eu conheço desde que tínhamos 8 anos de idade)! Eu realmente não consigo imaginar essa jornada sem cada um de seus pensamentos, perspectivas, risadas; sem a honestidade e energia que gastaram me ouvindo divagar e por aguentarem minhas ideias às vezes desconexas e reflexões sinuosas ao longo de muitas décadas. Vocês enriquecem minha vida de inúmeras maneiras e sou eternamente grata a cada uma.

Agradeço aos meus pais, Peter e Ruth, meu padrasto, Terry, meus avós, Ilse, Walter, Sally e Joe, e minhas tias e tios pelo amor e apoio infinitos e por serem professores e exemplos maravilhosos. Também sou grata aos meus queridos primos, Peter, Larry, Steven, Camilla, Adam, Barbara e David, que estiveram ao meu lado por décadas, mesmo quando discordamos (o que acontece com mais frequência do que se pode imaginar). Obrigada aos meus irmãos, Marcello, Caryn e Carol, os melhores confidentes, parceiros e amigos em cada momento. Agradeço por estarem comigo desde o começo. A vida com cada um de vocês é a melhor aventura que eu poderia ter pedido.

E, claro, minha maior gratidão vai para Mitch, meu marido, e para Reid, Max e Zac, nossos três filhos engraçados, amorosos e inspiradores, que nunca decepcionam, se envolvem a todo momento e sempre me mantêm concentrada na importância dos bons relacionamentos.

Eu amo todos vocês.

Notas

Introdução

i. "COVID-19 pandemic may have increased mental health issues within families," *EurekAlert!* Online, 12 de abril de 2021, https://www.eurekalert.org/news-releases/527486.

ii. Britannica, T. Editors of Encyclopedia, "conflict," *Encyclopedia Britannica*, 3 de fevereiro de 2014, https://www.britannica.com/science/ conflict-psychology.

iii. Susan Krauss Whitbourne, Ph.D., "5 Reasons We Play the Blame Game,"*Psychology Today*, 19 de setembro de 2015, https://www.psychologytoday.com/us/blog/fulfillment-any-age/201509/5-reasons-we-play-the-blame-game.

iv. Benjamin Garnder e Amanda L. Rebar, "Habit Formation and Behavior Change," *Oxford Research Encyclopedia of Psychology*, 26 de abril de 2019, https://oxfordre.com/psychology/view/10.1093/acrefore/9780190236557.001.0001/acrefore-9780190236557-e-129.

Capítulo um:
Reconheça o seu papel

i. Kimberly Holland, "Amygdala Hijack: When Emotion Takes Over," Healthline, 17 de setembro de 2021, https://www.healthline.com/health/stress/amygdala-hijack#symptoms.

ii. Cecile Andrews, entrevista por Julie Croteau, "Social ties are good for your health," *BeWell*, acessado em 16 de agosto de 2021, https://bewell.stanford.edu/social-ties-are-good-for-your-health/.

iii. Elle Hunt, "What does it mean to be a 'Karen'? Karens explain," *The Guardian*, 13 de maio de 2020, https://www.theguardian.com/lifeandstyle/2020/may/13/karen-meme-what-does-it-mean.

iv. Kate Murphy, *You're Not Listening: What You're Missing and Why It Matters* (Nova York: Celadon Books, 2020).

v. Gwen Moran, "How To Be Objective When You're Emotionally Invested," Fast Company, 9 de dezembro 2014, https://www.fastcompany.com/3039453/how-to-be-objective-when-youre-emotionally-invested.

vi. Nadine Jung et al., "How Emotions Affect Logical Reasoning: Evidence from Experiments with Mood-Manipulated Participants, Spider Phobics, and People with Exam Anxiety," *Frontiers in Psychology* 5 (outubro de 2014), https://doi.org/10.3389/fpsyg.2014.00570.

Capítulo dois:
Controle seus hábitos

i. Society for Personality and Social Psychology, "How we form habits, change existing ones," *ScienceDaily*, acessado em 17 de agosto 2021, https://www.sciencedaily.com/releases/2014/08/140808111931.htm.

ii. Benjamin Garnder e Amanda L. Rebar, "Habit Formation and Behavior Change," *Oxford Research Encyclopedia of Psychology*, 26 de abril de

2019, https://oxfordre.com/psychology/view/10.1093/acrefore/9780190236557.001.0001/acrefore-9780190236557-e-129.

iii. Elaine N. Aron Ph.D., "The Power of Inner Silence for the Highly Sensitive," *Psychology Today*, 18 de junho de 2018, https://www.psychologytoday.com/us/blog/the-highly-sensitive-person/201806/the--power-inner-silence-the-highly-sensitive.

iv. Marla Tabaka, "Most People Fail to Achieve Their New Year's Resolution. For Success, Choose a Word of the Year Instead," *Inc.*, 7 de janeiro de 2019, https://www.inc.com/marla-tabaka/why-set-yourself-up-for-failure-ditch-new-years-resolution-do-this-instead.html.

v. Madhuleena Roy Chowdhury, BA, "The Science & Psychology Of Goal-Setting 101," *Positive Psychology*, 15 de fevereiro 2022, https://positivepsychology.com/goal-setting-psychology/.

Capítulo três: A neutralidade é o portal para a possibilidade

i. Sylvia Xiaohua Chen, "Harmony" em *The encyclopedia of positive psychol- ogy* (Londres: Blackwell Publishing, 2009), https://www.researchgate.net/publication/256649929_Harmony.

ii. Jerry Kolber e Bill Margol, criadores, *Brain Games*, apresentado por Keegan-Michael Key (2011; Los Angeles: Magical Elves Productions/ National Geographic), https://www.disneyplus.com/en-gb/series/brain-games/7KcTpCZQnLa0.

iii. Jeremy Shapiro Ph.D., "Finding Goldilocks: A Solution for Black- and-White Thinking," *Psychology Today*, 1 de maio de 2020, https://www.psychologytoday.com/us/blog/thinking-in-black-white-and-gray/202005/finding-goldilocks-solution-black-and-white--thinking.

iv. Rongjun Yu, "Stress potentiates decision biases: A stress induced deliberation-to-intuition (SIDI) model," *Neurobiol Stress*, vol. 3 (2016): pp. 83–95, acessado em 16 de agosto de 2021, https://www.ncbi.nlm.nih.gov/pmc/articles/PMC5146206/.

v. Laura B. Luchies et al., "Trust and Biased Memory of Transgressions in Romantic Relationships," *Journal of Personality and Social Psychology* 104, no. 4 (2013): pp. 673–694, https://doi.org/10.1037/a0031054.

Capítulo quatro: O "quê" contra o "porquê"

i. "The Quiet Power of Empathic Listening," Mental Health First Aid, 27 de setembro de 2017, https://www.mentalhealthfirstaid.org/2017/07/quiet-power-listening/.

ii. Julianne Ishler, "How to Release 'Emotional Baggage' and the Tension That Goes with It," Healthline, 16 de setembro de 2021, https://www.healthline.com/health/mind-body/how-to-release-emotional--baggage-and-the-tension-that-goes-with-it#What-does-it-mean-to--have-trapped-emotions?.

iii. P Wesley Schultz e Alan Searleman, "Rigidity of Thought and Behavior: 100 Years of Research," *Genetic, Social, and General Psychology Monographs* 128, no. 2 (maio de 2022): pp. 165–207, https://pubmed.ncbi.nlm.nih.gov/12194421/.

iv. Daniella Laureiro⊠Martínez e Stefano Brusoni, "Cognitive Flexibility and Adaptive Decision⊠Making: Evidence from a Laboratory Study of Expert Decision Makers," *Strategic Management Journal* 39, no. 4 (2018): pp. 1031–1058, https://doi.org/10.1002/smj.2774.

v. Carol S. Dweck, *Mindset: The New Psychology of Success: How We Can Learn to Fulfill Our Potential* (Nova York: Ballantine Books, 2008).

Capítulo cinco: Você pode controlar sua narrativa interior

i. Jordyn Posluns, "What Is the Internal Narrative Phenomenon?" WorldAtlas, 28 de fevereiro 2020, https://www.worldatlas.com/articles/ what-is-the-internal-narrative-phenomenon.html.

ii. Ben Alderson-Day e Charles Fernyhough, "Inner Speech: Development, Cognitive Functions, Phenomenology, and Neurobiology," *Psychological Bulletin* 141, no. 5 (25 de maio de 2015): pp. 931–965, https://doi.org/10.1037/bul0000021.

iii. Daniel Kahneman, "Of 2 Minds: How Fast and Slow Thinking Shape PerceptionandChoice[Excerpt],"*ScientificAmerican*, 15 de junho 2012, https://www.scientificamerican.com/article/kahneman-excerpt-thinking-fast-and-slow/.

iv. Malcolm Gladwell, *Outliers: The Story of Success* (Nova York: Back Bay Books, 2019).

v. Malcolm Gladwell, *David and Goliath: Underdogs, Misfits, and the Art of Battling Giants* (Nova York: Turtleback Books, 2015).

vi. "Malcolm Gladwell on the Advantages of Disadvantages," Knowledge@ Wharton, 3 de dezembro de 2013, https://knowledge.wharton.upenn.edu/article/david-goliath-malcolm-gladwell-advantages-disadvantages/.

vii. Tracey Anne Duncan, "How to Stop Your Inner Monologue from Running Your Life," Mic, 5 de fevereiro de 2020, https://www.mic.com/life/what-does-your-internal-monologue-say-about-your-mental-health-21777794.

viii. Victoria Lemle Beckner Ph.D., "The Key Skill We Rarely Learn: How to Feel Your Feelings," *Psychology Today*, 12 de outubro de 2020, https://www.psychologytoday.com/us/blog/harnessing-principles-change/202010/the-key-skill-we-rarely-learn-how-feel-your-feelings.

ix. Jon Jaehnig, "What Is Inherited Behavior?," BetterHelp, 16 de junho de 2021, https://www.betterhelp.com/advice/behavior/what-is-inherited-behavior/.

x. Prabhakararao Sampthirao, "Self-Concept and Interpersonal Communication," *International Journal of Indian Psychology* 3, no. 3 (abril de 2016), https://doi.org/10.25215/0303.115.

xi. Monisha Pasupathi et al., "The Feeling of the Story: Narrating to Regulate Anger and Sadness," *Cognition and Emotion* 31, no. 3 (8 de janeiro de 2016): pp. 444–461, https://doi.org/10.1080/02699931.2015.1127214.

Capítulo seis: O arquivamento e os limites libertarão você

i. Megan LeBoutillier, *"No" Is a Complete Sentence* (Nova York: Ballantine Books, 1995).

ii. Ilana Herzig, "Saying No Isn't Easy," *Psychology Today*, 4 de setembro de 2018, https://www.psychologytoday.com/us/articles/201809/saying-no-isnt-easy.

iii. Shoba Sreenivasan e Linda E Weinberger, "What Happens When People Who Always Say 'Yes' Say 'No?'" *Psychology Today* (Sussex Publishers, 16 de setembro de 2016), https://www.psychologytoday.com/us/blog/emotional-nourishment/201609/what-happens-when-people-who-always-say-yes-say-no.

iv. Jennifer King Lindley, "This Is Why It's So Hard to Say No," *Real Simple*, 27 de dezembro de 2016, https://www.realsimple.com/magazine-more/inside-magazine/life-lessons/learn-to-say-no.

v. William Ury, *The Power of a Positive No: How to Say No and Still Get to Yes ; Save the Deal, Save the Relationship—and Still Say No* (Nova York: Bantam Books, 2008).

Capítulo sete: A atitude defensiva é inimiga da resolução

i. Robert R. Stains, "Reflection for Connection: Deepening Dialogue through Reflective Processes," *Conflict Resolution Quarterly* 30, no. 1 (2012): pp. 33–51, https://doi.org/10.1002/crq.21053.

ii. T. Editors of Encyclopedia Britannica, "Defense Mechanism,"*Encyclopedia Britannica*, 31 de janeiro de 2020, https://www.britannica.com/topic/defense-mechanism.

iii. Becca Sangwin, "Why We Need to Stop Playing the Blame Game," The Gottman Institute, 13 de março de 2017, https://www.gottman.com/blog/why-we-need-to-stop-playing-the-blame-game/.

iv. Manfred F. R. Kets de Vries, "Don't Let Shame Become a Self-Destructive Spiral," *Harvard Business Review*, 1 de junho 2017, https://hbr.org/2017/06/dont-let-shame-become-a-self-destructive-spiral.

v. Neel Burton, "The Psychology of Embarrassment, Shame, and Guilt," *Psychology Today*, 26 de agosto de 2014, https://www.psychologytoday.com/us/blog/hide-and-seek/201408/the-psychology-embarrassment-shame-and-guilt.

vi. Sara Lindberg, "Projection in Psychology: Definition, Defense Mechanism, Examples," Healthline, 15 de setembro de 2018, https://www.healthline.com/health/projection-psychology#defense-mechanism.

vii. Andrea Brandt, "How Reactive Behavior Damages Your Relationships,"*Psychology Today*, 1 de outubro de 2018, https://www.psychologytoday.com/us/blog/mindful-anger/201810/how-reactive-behavior-damages-your-relationships.

viii. Kim Pratt, "Psychology Tools: How to Take a 'Time out,'" HealthyPsych, 23 de maio de 2017, https://healthypsych.com/psychology-tools-how-to-take-a-time-out/.

ix. Diane Musho Hamilton, "Calming Your Brain During Conflict,"*Harvard Business Review*, 22 de dezembro de 2015, https://hbr.org/2015/12/calming-your-brain-during-conflict.

Capítulo oito: O Protocolo VIR: a sua arma secreta

i. Shahram Heshmat, "5 Factors That Make You Feel Shame," *Psychology Today*, 4 de outubro 2015, https://www.psychologytoday.com/us/blog/science-choice/201510/5-factors-make-you-feel-shame.

ii. Dianne Grande, "Emotional Vulnerability as the Path to Connection," *Psychology Today*, 24 de fevereiro de 2019, https://www. psychologytoday.com/us/blog/in-it-together/201902/emotional-vulnerability-the-path-connection.

Capítulo nove: Evite que o conflito se transforme em caos

i. Rebecca Joy Stanborough, "Cognitive Distortions: 10 Examples of Distorted Thinking," Healthline, 18 de dezembro de 2019, https://www.healthline.com/health/cognitive-distortions#thought-origins.

ii. "Apa Dictionary of Psychology," American Psychological Association, acessado em 28 de março de 2022, https://dictionary.apa.org/catastrophize.

iii. "Apa Dictionary of Psychology," American Psychological Association, acessado em 28 de março de 2022, https://dictionary.apa.org/minimization.

iv. Jennifer S. Lerner et al., "Emotion and Decision Making," *Annual Review of Psychology* 66, no. 1 (3 de janeiro de 2015): pp. 799–823, https://doi.org/10.1146/annurev-psych-010213–115043.

v. René Descartes e John Veitch, *A Discourse on Method* (Londres: J.M. Dent, 1969).

vi. Richard Carlson, *Don't Sweat the Small Stuff and It's All Small Stuff: Simple Ways to Keep the Little Things from Taking Over Your Life* (Thorndike, ME: G.K. Hall, 1998).

Sobre a autora

© Shana Sureck
Styling by Katherine Weinstein

Gabrielle Hartley, é uma das melhores advogadas especializadas em divórcio e mediadora conhecida por resolver 99% de seus casos na mesa de negociação. É uma palestrante sobre resoluções de conflitos muito procurada, autora de *Better Apart: The Radically Positive Way to Separate* e criadora do blog *Better Apart*.

Gabrielle é uma profissional reconhecida na área do divórcio positivo e da resolução de conflitos por vários meios de comunicação, como *New York Times, Real Simple, Forbes, Vice, New York Post, U.S. News* e *World Report*. Ela pode ser ouvida em dezenas de *podcasts*, programas de rádio e é convidada regular no programa *Mass Appeal*, da NBC. É copresidente do Comitê de Mediação da seção de Resoluções de Disputas da *American Bar Association*. Seu popular TEDx Talk, "The Secret to Getting Along Is Easier than You Think", pode ser visto no YouTube. Ela reside em Northampton, Massachusetts, ao lado do marido e dos três filhos.

Consulte-se com Gabrielle em gabriellehartley.com

Índice

D

E

F

G

S

T

V

Este livro foi impresso nas oficinas gráficas da Editora Vozes Ltda.,
Rua Frei Luís, 100 – Petrópolis, RJ.